독립군 노래 이야기

이 도서는 한국출판문화산업진흥원 2018년 우수출판콘텐츠 제작지원사업 선정작입니다.

천천히읽는책 27 **독립군 노래 이야기**

황선열 지음

펴낸날 2018년 7월 10일 초판1쇄 | 2019년 4월 15일 초판2쇄 | 펴낸이 김남호 | 펴낸곳 현북스
출판등록일 2010년 11월 11일 | 제313-2010-333호
주소 04071 서울시 마포구 성지길 27, 4층 | 전화 02)3141-7277 | 팩스 02)3141-7278
홈페이지 www.hyunbooks.co.kr | 카페 cafe.naver.com/hyunbooks
편집 노계순 | 디자인 정진선 김영미 | 마케팅 송유근 | 영업지원 함지숙
ISBN 979-11-5741-138-2 73810

글 ⓒ 황선열 2018
이 책은 저작권법에 의하여 보호를 받는 저작물이므로 무단 전재 및 복제를 금지하며,
이 책 내용의 전부 또는 일부를 이용하려면 반드시 저작권자와 현북스의 허락을 받아야 합니다.

⚠ 주의 종이에 베이거나 긁히지 않도록 조심하세요. 책 모서리가 날카로우니 던지거나 떨어뜨리지 마세요.

독립군 노래 이야기

황선열 지음

머리말

독립군들이 부른 노래는
오늘을 넘어 내일의 역사를
만들어 나가는 밑거름

우리 민족 역사에서 가장 큰 아픈 기억이 일제 강점기입니다. 일본의 침략으로 우리 겨레는 많은 고통과 아픔을 겪었습니다. 우리 민족은 일제가 침략하는 동안 절대 굴복하고 있지 않았습니다. 우리 민족은 1945년 광복절을 맞기까지 침략자 일본에 맞서 끊임없이 싸웠습니다. 일본은 우리나라를 침략한 일 때문에 생긴 우리 민족의 아픔에 대해서 진심 어린 사과도 없었고, 그 아픔을 제대로 치유해 주지 않은 채 무조건 잘 지내자고 하고 있습니다. 우리 민족은 일본의 침략으로 인한 고통의 역사를 결코 잊지 말아야 합니다.

무장 항일 투쟁은 동학 혁명 때부터 시작했습니다. 동학 혁명은 어려워진 나라를 구하기 위해 농민들이 일으킨 것입니다. 그러나 우수한 현대 무기를 갖춘 일본군 때문에 동학 농민군이 지고 맙니다. 이때부터 일본은 우리나라 일에 함부로 간섭하기 시작합니다. 심지어 조선의 국모를 죽이는 짓까지 합니다. 우리 민족은 일본의 이런 만행에 저항하는 의병을 일으켰습니다. 1895년부터 1915년까지 국내에서 일어난 의병 투쟁은 대한 제국이 멸망하자 만주와 연해주 쪽으로 장소를 옮기면서 새로운 독립운동으로 이어 갑니다. 그 사이에 미국으로 건너간 민족 지도자들도 있었습니다. 이들은 나라 밖으로 나가서 독립운동을 계속하려고 했습니다.

독립운동의 역사 중에서 가장 뛰어난 전쟁은 1920년 봉오동 전투와 청산리 전투입니다. 이 전쟁에 참여한 독립군은 만주와 연해주 일대에서 항일 무장 투쟁을 펼치던 부대들이었습니다. 이 전쟁에서 참패한 일본군은 독립군 세력이 만만하지 않다는 것을 알게 되었고, 만주와 연해주에 있는 독립군 부대를 공격하기 위해서 더 많은 군대를 동원합니다. 이때 독립군들은 많은 피해를 입었지만 유격전을 하면서 무장 투쟁을 끈질기게 이어 갑니다.

1938년에는 김원봉이 이끄는 조선의용대가 조직됩니다. 이 부대는 유격대 수준을 넘어서 정식 군사 조직을 갖춘 독립군 군단입니다. 이들은 일본과 전투를 치르면서 수많은 전과를 올립니다.

　1940년 중경으로 옮긴 대한민국 임시 정부는 독립군 부대를 모아서 한국광복군을 만듭니다. 대한민국 임시 정부를 대표하는 군사 조직을 갖추게 된 것입니다. 한국광복군은 일본에 선전 포고를 하고, 광복군 중에서 특수 대원을 뽑아서 미군과 연합하여 한반도로 진격하는 훈련도 했습니다. 일본이 항복하는 바람에 계획이 중단된 것은 참으로 안타까운 일이기도 합니다.

　일제 강점기 동안 우리 민족은 끊임없는 항일 무장 투쟁을 펼쳤습니다. 광복은 결코 그냥 온 것이 아닙니다. 우리는 이러한 항일 무장 투쟁의 역사를 잘 알고, 독립군들의 용기와 힘을 잊지 말아야 할 것입니다. 우리 민족의 독립운동사를 잘 알아야 우리 역사를 바로 알고, 일제 강점기 시대를 바르게 평가할 수 있습니다.

　우리 선조들의 항일 무장 투쟁의 역사가 없었다면 지금 우리나라는 없었을 것입니다. 독립군들에 대한 올바른 평가와 그 가치를 제대로 자리매김하는 길이 우리나라의 미래를 올바르게 이끌어 가는 길일 것입니다. 친일의 역사를 걷어 내고 항일의 역사를 온전하게 자리매김할 때 우리 민족의 역사가 바른 길로 나아갈 것입니다.

그런 뜻에서 우리 역사를 이어 갈 어린이들이 그동안 몰랐던 독립군 노래를 알고 부르기를 바라는 마음에서 이 책을 만들게 되었습니다. 독립군 노래는 독립군들이 독립운동을 하면서 불렀던 노래를 말합니다. 독립군들이 직접 노랫말과 곡을 지은 것도 있고, 다른 나라 곡을 빌려서 만든 것도 있습니다. 독립군의 노래를 통해서 독립군들이 어떤 삶을 살았는지, 어떤 마음으로 독립운동을 했는지를 함께 느꼈으면 합니다. 독립군들의 의지와 기상을 이어받아서 다시는 나라를 빼앗기는 일이 없도록 해야 할 것입니다. 독립군들이 부른 노래는 오늘을 넘어 내일의 역사를 만들어 나가는 밑거름이 될 것입니다.

대한민국 100년, 2018년 1월 1일
독립군을 사랑하는 사람 황선열 쓰다.

머리말 4

1. 새야 새야 파랑새야 11

2. 의병 격중가 19

3. 소년 행진가 29

4. 안중근 옥중가 37

5. 학도가 47

6. 희망가 57

7. 봉선화 65

8. 고난의 노래 73

9. 전우 추모가 81

10. 광야를 달리는 독립군 89

11. 기전사가 97

12. 독립군가 105

13. 압록강 행진곡 115

14. 한인 소년병 학교 군가 121

15. 님 찾아가는 길 131

16. 형제별 141

17. 따오기 149

18. 오빠 생각 157

새야 새야 파랑새야

작사 미상 | 한국 민요

새야 새야 파랑새야

새야 새야 파랑새야
녹두밭에 앉지 마라
녹두꽃이 떨어지면
청포장수 울고 간다

새야 새야 파랑새야
너 무엇하려 나왔느냐
하절인줄 나왔더니
엄동설한 되었고나

새야 새야 파랑새야
녹두밭에 앉은 새야
아버지의 넋새보오
엄마 죽은 넋새외다

노래 이야기

이 노래는 1894년 동학 농민 혁명이 일어나기 전에 예언을 하는 참요로 불렀는지, 아니면 혁명이 실패하고 난 뒤 그 분함을 노래한 것인지 정확하게 알 수는 없지만 많은 사람들이 불렀던 그 시대를 대표하는 노래입니다.

이 노래는 우리나라 근대 민요의 효시라고 할 수 있습니다. 보통 1절만 많이 알려져 있는데, 여기에 실린 노래 가사는 지금까지 알려진 파랑새 노래 가사를 합쳐 놓은 것입니다.

이 노래는 4·4조와 4구 2절 형식으로 되어 있습니다. 또 4구 2절의 음보로 되어 있어서 행진곡풍으로 경쾌하게 부를 수 있고, 슬프게도 부를 수 있는 노래입니다. 노래 제목인 파랑새는 여러 가지로 해석할 수 있습니다. 그러나 대부분 파랑새는 당시 백성을 상징하던 녹두장군 전봉준을 의미합니다. 노래 가사의 1절만 보면 다르게 해석할 수 있지만, 다른 노래 가사를 합쳐서 보면 파랑새가 전봉준을 뜻한다는 것을 알 수 있습니다. 이렇게 해석해야만 청포장수도 민중들이 나타나기를 고대하는 전봉준으로 해석할 수 있으며, 3절에서 전봉준을 위로하는 아버지와 어머니의 넋을 이해할 수 있습니다.

1절에서는 파랑새가 녹두밭에 앉지 말고 날아가기를 바라고 있으며, 파랑새가 앉아서 녹두꽃이 떨어지면 백성들이 기다리던 전봉준이 울고 간다고 말합니다.

2절은 다른 가사로 남아 있는 곳에서는 '팔왕새요'라고도 부르는데, '팔왕새요'는 전체 6구 3절의 형식으로 되어 있습니다.

새야 새야 팔왕새야
너 무엇하러 나왔느냐
솔잎 댓잎이 푸릇푸릇
백설이 펄펄 흩날리니
저 건너 청송녹죽이 날 속인다

이 노래 가사에서 말하는 '팔왕새'는 팔(八)과 왕(王)이 합쳐진 말로서 온전할 전(全)자를 뜻합니다. 전은 전봉준 장군을 상징합니다.

1절은 동학 농민 혁명이 실패한 것을 표현하는 것이고, 2절은 혁명의 기운이 한창 무르익는 여름철에 나타나서 혁명을 일으키고 흰 눈이 날리는 겨울이 되어서 혁명이 실패했다는 것을 말하고 있습니다. 3절의 녹두밭에 앉아 있는 파랑새는 전봉준의 부모가 환생한 것입니다.

이 노래는 원래 1절만 파랑새라는 노래로 전하고 2절과 3절은 각각 다른 이름으로 전합니다. 그리고 각 연마다 노래 가사도 조금씩 다릅니다. 그것은 부르는 사람에 따라 가사를 조금씩 바꿔 불렀기 때문입니다.

동학 농민군이 조선 정부군과 일본군의 합동 작전 때문에 패배하고 말았지만, 이 노래는 동학 혁명이 끝나고 난 뒤에도 수많은 사람들이 불렀습니다. 이 노래 가사에 나오는 내용들은 전봉준만 의미하는 건 아닙니다. 청포장수를 기다리는 백성들의 희망도 들어 있고, 농사를 지으면서도 정작 논밭에서 난 곡식을 얻을 수 없었던 농민들의 울분도 들어 있습니다. 또한 이 노래는 나라를 잃은 우리 민족의 슬픔도 나타나 있습니다. 이 노래를 따라 부르다 보면 한편으로는 슬프기도 하지만, 한편으로는 다시 힘을 모아서 일본과 싸우자는 비장한 결의도 보입니다. 이 노래는 우리 민요가 가진 고유한 특징을 잘 보여 줍니다.

전봉준과 동학 혁명

이 노래 가사의 주인공인 전봉준(1855~1895)은 키가 작고 몸집이 작아서 '녹두'라는 별명이 붙었습니다. 전봉준의 아버지 전창혁은 전라도 고부군 향교를 관리하는 일을 했는데, 고부 군수 조병갑이 부리는 횡포에 목숨을 잃었습니다. 아버지를 잃은 전봉준은 태인으로 이사를 가서 농사도 짓고, 아이들도 가르치면서 살아갑니다. 그는 서른다섯 살 무렵에 동학에 입교하여 그 지역 동학 접주가 됩니다.

전봉준

당시 동학은 '하늘을 공경하는 마음으로 사람을 사랑하라'는 교리를 내세우면서 '백성과 나라를 편안하게 하는 것이 가장 중요하다'고 주장하던 종교였습니다.

고부 군수 조병갑의 횡포가 더욱 심해지자 전봉준은 통문을 보내서 동학 농민군을 조직하여 봉기합니다. 조병갑은 도망가고, 새로 군수가 내려옵니다. 그런데 조사관 이용태가 모든 책임을 동학 농민군 탓으로 돌리고 동학 교도를 탄압하기 시작하자 전봉준은 다시 봉기합니다. 이때 모여든 농민군은 1만 명이 넘었다고 합니다. 전봉준이 동도대장을 맡고, 손화중과 김개남이 총관령을 맡아서 농민

의병을 일으킨 뜻을 밝히고, 행동 강령 네 가지를 만들어 전국 각지에 통문을 보내서 호응을 요청하고, 우금치에서 관군을 물리쳐서 승리합니다.

전국으로 파죽지세로 확대되는 농민군을 막지 못한 조정에서는 청나라와 일본을 끌어들입니다. 그런데 일본군과 청군이 조선 땅에서 청일 전쟁을 일으킵니다. 그래서 동학 농민군이 다시 일어납니다. 이때 전국에 모여든 농민군은 전봉준이 이끄는 남접이 10만 명, 손병희가 이끄는 북접이 10만 명이었습니다. 이 농민군을 이끌고 우금치를 공격했으나 일본군에게 패배하고 맙니다. 전봉준은 정읍과 순창으로 피신했으나 부하였던 김경천이 밀고해서 체포당하고, 서울로 압송되어 교수형을 당합니다.

고부에서 민란으로 시작한 동학 농민군은 패배하였지만, 그 정신은 다시 의병으로 일어납니다. 그리고 그 정신은 다시 3·1독립운동으로 이어지고, 독립군과 광복군으로 이어지면서 항일 무장 투쟁을 하게 됩니다.

의병 격중가

이석용 작사 | 작곡 미상

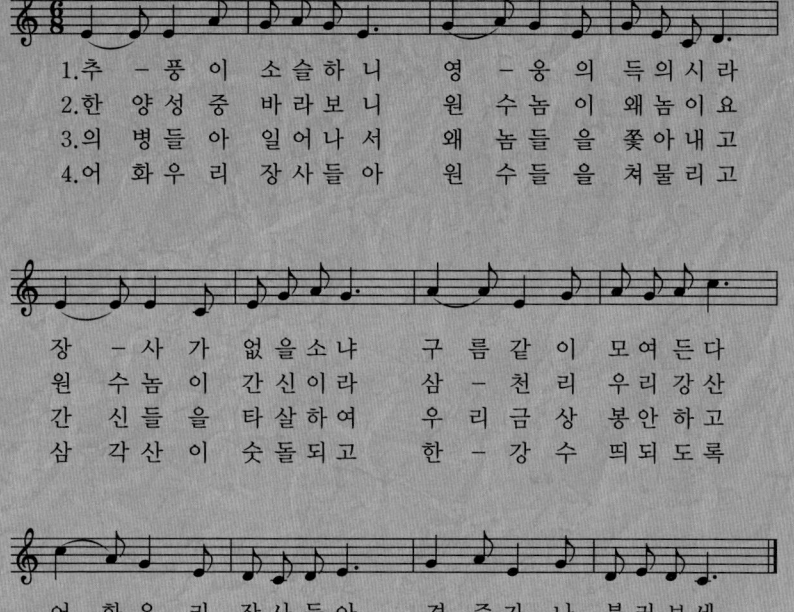

1. 추 - 풍 이 소슬하 니 　영 - 웅 의 득의시 라
2. 한 양 성 중 바라보 니 　원 수 놈 이 왜놈이 요
3. 의 병 들 아 일어나 서 　왜 놈 들 을 쫓아내 고
4. 어 화 우 리 장사들 아 　원 수 들 을 쳐물리 고

장 - 사 가 없을소 냐 　구 름 같 이 모여든 다
원 수 놈 이 간신이 라 　삼 - 천 리 우리강 산
간 신 들 을 타살하 여 　우 리 금 상 봉안하 고
삼 각 산 이 숫돌되 고 　한 - 강 수 띄되도 록

어 화 우 리 장사들 아 　격 중 가 나 불러보 세
오 - 백 년 우리종 사 　무 너 지 면 어찌할 까
우 리 백 성 보전하 여 　태 평 세 월 맞이하 세
즐 - 기 고 노래하 세 　우 리 대 한 만만세 라

의병 격중가

추풍이 소슬하니 영웅의 득의시라
장사가 없을쏘냐 구름같이 모여든다
어화 우리 장사들아 격중가나 불러보세

한양성중 바라보니 원수 놈이 왜놈이요
원수 놈이 간신이라 삼천리 우리 강산
오백년 우리 종사 무너지면 어찌할까

의병들아 일어나서 왜놈들을 쫓아내고
간신들을 타살하여 우리 금상 봉안하고
우리 백성 보전하여 태평세월 맞이하세

어화 우리 장사들아 원수들을 쳐물리고
삼각산이 숫돌되고 한강수 띄되도록
즐기고 노래하세 우리 대한 만만세라

노래 이야기

〈의병 격중가〉는 호남창의대장 이석용(1877~1914)이 지은 노래로 의병들이 구름같이 모여들고, 물결치듯 일어난다는 내용입니다. 의병들이 봉기를 일으킨 뜻은 오백 년 조선 역사를 지키는 것이었습니다. 이 땅에서 간신들을 몰아내서 나라를 온전하게 지키는 것이었고, 이 땅을 침략한 원수들을 물리치고 태평세월을 만들기 위한 것이었습니다. 이 노래는 의병들이 일어나서 나라를 구할 것이라는 명분을 내세우고 있습니다.

의병들은 노래로써 먼저 사람들 마음을 모으면서 의병을 일으켜야 하는 이유를 밝히고 있습니다. 이를 통해서 의병 부대에 참여할 것을 독려하고 있습니다. 의병들이 부른 노래는 대개 단순한 민

이석용

요풍 가락과 박자로 이루어져 있습니다. 이 노래도 민요 〈새야 새야 파랑새야〉 노랫가락에 가사만 바꿔서 부른 것입니다.

'격중가'는 물결치듯이 백성들이 일어나는 노래라는 뜻입니다.

1절에 나오는 '추풍'은 가을바람, '소슬하니'는 으스스하고 쓸쓸하다는 뜻이고, '득의시'는 뜻을 얻을 때라는 뜻입니다. 가을바람이 으스스하고 쓸쓸하게 부니 영웅이 뜻을 얻을 때라는 말입니다. 가을바람은 나라가 위기에 놓였다는 것을 빗댄 말입니다.

2절에 나오는 '한양성'은 지금의 서울을, '종사'는 종묘와 사직, 곧 오백 년 동안 이어 온 조선을 말합니다.

3절에 나오는 '금상'은 당시 왕위에 있는 임금인 고종을 말하고, '봉안'은 간신들을 몰아내고 우리 임금을 잘 모시자는 뜻입니다.

4절에 나오는 '띠'는 허리에 매는 띠를 말합니다. 경복궁 뒤 삼각산으로 칼을 가는 숫돌로 삼고, 한강수가 허리띠가

되도록 우리나라를 지키자는 뜻입니다.

나라를 구하려고 일어난 의병들은 그들 나름대로 사기를 올리기 위해서 이와 같이 씩씩한 노래를 불렀습니다. 이 노래는 의병들의 기개가 살아 있는 것처럼 힘차게 불러야 합니다.

이석용 대장과 의병 운동

〈의병 격중가〉를 지은 호남창의대장 이석용은 전라북도 임실에서 태어났습니다. 그는 옛사람들이 충의를 위해 목숨을 바친 일들을 즐겨 들었다고 합니다. 또 부모에게도 바른 말을 서슴지 않아서 예사롭지 않은 언행을 보였습니다. 어느 날 아버지가 노름하는 것을 보고 "아버지가 잡기를 하면 자식은 어찌하란 말입니까?" 하고 말했다고 합니다. 아들에게 꾸지람을 받은 아버지는 그날 이후로 일체 잡기를 하지 않았다고 합니다.

그는 1907년 진안 마이산에서 의병을 일으켜서 의병장으로 추대되었습니다. 이석용은 의병 진영 이름을 '호남창의소'라 하고 마이산 용암 위에 단을 설치하여 의병을 일으켰다는 사실을 하늘과 온 세상에 알리는 제사를 지냈습니다. 그때 〈의병 격중가〉를 지어 불렀습니다.

한말 의병 운동은 1895년 명성황후가 일본인들에게 죽임을 당하고 난 뒤부터 1910년 한일합병을 거쳐 1915년까지 이어집니다. 강제로 단발령을 내리게 하고, 명성황후를 죽인 일본을 이 땅에서 몰아내기 위해 전국에서 일어난 의병들은 곳곳에서 일본군에게 타격을 줍니다. 처음에는 문석봉, 유인석, 이설, 김복한, 이강년, 허위, 이소응, 이인영을 비롯한 유생들이 전국 곳곳에서 의병을 일으켰습니다. 나중에는 평민들도 의병에 참여합니다. 신돌석 의병 부대는 천민과 평민들이 모여서 만들었는데, 12년 동안 일본군과 싸우면서 활약했습니다.

일본은 1907년 네덜란드 헤이그에서 열린 만국평화회의에 이준 열사를 단장으로 하는 밀사를 파견한 것을 트집

잡아서 고종 황제를 강제로 폐위시키고 대한제국군까지 해산시킵니다. 강제로 해산당한 군사들은 의병을 조직하게 되고, 해산당한 대한제국군 장교들이 의병 부대에 참가하면서 의병 부대는 지휘관, 전술, 무기, 탄약 공급이 해결되었습니다. 경기도 양주에서 의병 활동을 하던 이인영은 1907년 음력 11월 전국 각도의 의병장들에게 통문을 보내 양주에서 연합 의병 부대를 만듭니다. 전라도 문태구, 충청도 이강년, 강원도 민긍호, 경상도 신돌석, 평안도 방인관, 함경도 정봉준, 경기도 허위, 황해도 권중희가 모여서 13도 창의군을 편성합니다. 전국에서 모여든 의병은 약 1만 명이나 되었습니다. 아쉽게도 서울 공격은 실패했지만 서울에 있던 일본인과 친일 관료들의 간담을 서늘하게 하였습니다.

의병 부대 중에서 일본군에게 가장 많은 타격을 준 것은 홍범도 부대였습니다. 초기(1985~1907) 의병들이 유생을 중심으로 일어났다면, 후기(1908~1915) 의병들은 군인 출신(민긍호, 김덕제, 지홍윤, 연기우, 박준성, 손재규, 현덕호)과

평민 출신(신돌석, 김수민, 홍범도)들이 중심이 되었습니다. 그중에서도 유명한 의병 부대는 신돌석, 홍범도 부대였습니다. 특히 홍범도 부대는 백두산 호랑이라는 별명이 붙을 정도로 신출귀몰하게 일본군을 괴롭혔습니다. 이들은 유격전으로 일본군과 싸웠습니다.

홍범도(1868~1943)는 원래 포수였습니다. 그런데 1907년 일제는 백성들이 무장 투쟁을 하는 것을 막기 위해서 '총포와 화약류 단속법'을 만들어 포수들이 갖고 있던 총을 빼앗기 시작했습니다. 이에 분노한 홍범도는 일행과 함께 '산포대(산포수 부대)'를 조직하여 의병을 일으킵니다. 홍범도 의병대는 주로 백두산을 중심으로 일본 수비대를 격파했습니다. 그 후 홍범도는 간도로 건너가 대한독립군을 만들고, 최진동과 함께 북로군정서 사

홍범도

령부를 개편하여 국내 진입을 계획합니다.

　1920년 6월 일본군 국경 수비대와 격전을 벌이게 되는데 이것이 유명한 봉오동 전투입니다. 홍범도는 청산리 전투에서 제1사령관으로 참가하여 일본군을 물리칩니다. 이렇게 용감했던 홍범도는 러시아로 넘어갔다가 시베리아에서 숨을 거둡니다.

소년 행진가

무쇠팔뚝 돌주먹 소년 남아야
애국의 정신을 분발하여라

(후렴) 다달았네 다달았네 우리나라에
　　　소년의 활동시대 다달았네
　　　만인대적 연습하여 후일전공 세우세
　　　절세영웅 대사업이 우리 목적 아닌가

충열사의 끓는 피 순환 잘 되고
쾌남아의 팔다리 민활하도다

일편단심 씩씩한 소년 남아야
조국의 정신을 잊지 말아라

벽력과 부월이 당전하여도
우리는 조금도 두렵지 않네

노래 이야기

　이 노래는 안창호가 여러 번 옥살이를 하고 난 뒤 나라를 떠나면서 우리나라 소년들에게 당부하는 마음으로 지은 노래라고 합니다. 이 노래 가사처럼 그는 소년들이 정신과 육체를 건강하게 해서 나라를 위해 힘껏 노력해 주기를 당부하고 있습니다.

　1절에 나오는 '무쇠'는 정신과 육체가 강하고 굳센 것을 비유하는 말입니다. 우리 소년들이 나라 사랑하는 정신을 길러서 혼자 만 명의 적이라도 상대할 수 있어야 한 시대의 영웅이 될 수 있다고 말합니다. 소년들이 자라서 나라를 구하는 영웅이 되는 것이 우리에게 가장 절실한 과제라고 생각하고 있습니다. 후렴에 나오는 '후일전공 세우세'는 뒷날 전쟁에 공을 세우자는 뜻입니다.

　2절에 나오는 '충열사'는 충신과 열사를 말합니다. 나라를 위한 끓는 피는 사람들에게 잘 알려진다는 뜻입니다. '쾌남아'는 성격이 쾌활한 남자를 말하고, '민활하다'는 행동이 빠르고 활달하다는 뜻입니다. 나라를 위한 끓는 피와 성격이 쾌활하고 행동이 빠른 소년들이 나라를 구할 수 있다고 말합니다. 우리나라 소년들은 나라에 충성하는 뜨거운 열정으로 살아야 한다는 것입니다.

3절은 소년들이 변하지 않는 마음으로 조국의 정신을 지켜 가기를 당부합니다. 애국정신을 지키는 것은 나라가 위기에 놓여 있을 때 잊지 말아야 하는 일이기도 합니다.

4절에는 어려운 한자말이 많습니다. '벽력'은 벼락을 말하고, '부월'은 작은 도끼와 큰 도끼를 말하고, '당전'은 앞으로 닥쳐온다는 것을 말합니다. 벼락과 도끼가 눈앞에 닥쳐오더라도 두려워 말고 맞서야 한다는 뜻입니다.

이처럼 우리나라 소년들은 어떤 위험 앞에서도 두려워하지 않는 용기가 필요하다고 말합니다.

이 노래 전체 가사 내용을 살펴보면 나라를 위해서 소년들이 힘을 기르고, 어떤 어려운 일이 있더라도 이겨낼 수 있는 용기가 있어야 한다고 말합니다. 나라가 어려운 처지에 놓였을 때 소년들이 힘을 기르고 용기를 잃지 않는 것이 무엇보다 중요하다는 것입니다.

 이 노래는 남한에서는 〈소년 행진가〉로 알려져 있지만, 북한에서는 〈소년 애국가〉라고 합니다. 가사 내용은 비슷하지만 낱말은 조금 다른 부분이 있습니다. 북한에서는 후렴 부분에 '원수치는 훈련하여 후일 전공 세우세'라고 되어 있고, '벽력과 부월이 당전하여도'를 '원수의 총칼이 앞을 막아도'로 바뀌었습니다. 북한과 남한은 언어 습관에서 차이가 있고, 김일성이 만주에서 항일 운동을 할 때 소년들 사이에서 많이 부르면서 가사가 바뀌었을 수도 있습니다. 북한에서는 이 노래를 소년 항일 노래로 분류하고 있으며 싸움에 참가하는 소년들이 씩씩한 기상을 담아서 행진곡풍으로 불렀다고 말하고 있습니다.

 이 노래를 만주 지역에서는 '무쇠팔뚝 돌주먹'을 '무쇠골격 돌근육'으로, '쾌남아의 팔다리'는 '독립군의 팔다리'로 바꿔 부르기도 했습니다. 이렇게 노래 가사가 다른 까닭은 비슷한 노래를 입에서 입으로 전해 가며 부르는 동안에 부르는 사람들이 스스로 바꾸어 부를 수 있기 때문입니다.

안창호와 교육 운동

안창호(1878~1938)는 평안남도 강서에서 태어났습니다. 그는 어릴 때부터 한학을 배웠는데, 서당 선배로부터 영향을 받아서 신식 학문에 눈뜨기 시작했습니다. 일찍이 조국의 앞날을 걱정하다가 청일 전쟁이 일어나는 것을 보고 그리스도 교도가 됩니다. 그는 스무 살에 독립협회에 가입하고 평양에 지부를 설치하기 위한 만민공동회를 열었습니다. 고향인 강서에 우리나라 최초의 남녀공학 학교인 점진 학교를 세우기도 했습니다. 그는 온전한 나라가 되기 위해서는 자주 독립을 이룩해야 하고, 그러기 위해서는 국민 교육 운동을 해야 한다고 믿었습니다.

안창호는 소년들이야말로 이 나라를 구할 수 있다고 생각하고 교육 운동에 온 힘을 쏟았

안창호

습니다. 나라에서 가장 소중한 것이 소년들이라고 생각했습니다. 스스로 교육에 대한 열정을 직접 실천하기도 했습니다. 그래서 1902년 스물네 살 때 신학문을 더 배우기 위해서 미국으로 건너갑니다. 그곳에서 노동을 하면서 초등학교 과정부터 다시 공부를 시작합니다. 그는 공부하는 데는 나이가 없다는 것을 직접 실천했습니다. 또 미국에 살고 있는 교포들 권익 보호와 생활 향상을 위해 한인공동협회를 만들고, 〈공립신보〉라는 신문을 발간합니다. 1906년 국내로 돌아와서 양기탁, 신채호와 신민회를 조직하고 교육과 민족 산업을 육성하는 일을 합니다. '105인 사건'으로 신민회가 해체되자 1913년 흥사단을 조직합니다.

3·1운동 직후 상해로 가서 대한민국 임시 정부 조직에 참여하여 내무총장, 국무총리 대리, 노동총장 일을 하면서 〈독립신문〉을 창간합니다. 1932년 윤봉길 의거 관련자로 일본 경찰에 체포되어 옥고를 치르고, 수양동우회 사건으로 다시 투옥되었다가 병으로 풀려났으나 세상을 떠나고 말았습니다.

안창호가 흥사단을 통해서 주장한 '힘써 실천하고 힘써 행동하라'는 무실역행 정신은 오늘날까지도 많은 영향을 주고 있습니다.

안중근 옥중가

적막한 가을강산 야월삼경에
슬피 울며 날아가는 저 기러기야
북방에 소식을 네가 아느냐
여기서 저기까지 몇 리 되는지
아차차 가슴 답답 이내 신세야

만주 땅 시베리아 넓은 들판에
동에 갔다 서에 번쩍 이내 신세야
해외에 널려 있는 백두산하에
나의 일가 동포 형제 저곳 있건만
나는 소식 몰라서 답답하구나

만주 땅 시베리아 넓은 들판에
동에 갔다 서에 번쩍 이내 신세야
교대 잠이 편안하여 누가 자며
콩둔 밥이 맛이 있어 누가 먹겠나
때려라 부셔라 왜놈들 죽여라

노래 이야기

〈안중근 옥중가〉는 안중근이 옥중에서 지은 항일 투쟁가입니다. 안중근이 옥중에서도 투쟁하면서 이 노래를 부르자 일본은 이 노래를 못 부르게 막았습니다. 이 노래는 안중근 의사의 고종 6촌 동생 곽희종이 안명근의 여동생 안익근에게 배워 전해 주면서 세상에 알려졌습니다.

이 노래를 보면 안중근이 적막강산 외로운 감옥에서 일가친척과 형제의 소식을 알지 못해서 답답하게 생각하고 있음을 알 수 있습니다. 1절에 나오는 '야월삼경'은 달이 밝은 깊은 밤이라는 뜻입니다. 자신의 신세가 깊은 밤에 슬피 울며 날아가는 기러기와 같다고 합니다. 이렇게 외롭고 힘든 감옥 생활을 하면서도 왜놈을 물리치자고 외칩니다.

안중근은 대한 독립과 동양 평화를 위해서 이토 히로부미를 반드시 죽여야겠다는 비장한 각오를 했으며, 나라를 빼앗긴 대한국인 청년이 해야 할 당연한 일이라고 생각했습니다. 그의 태도가 얼마나 당당했으면 재판을 맡았던 일본인 재판관과 변호사까지도 탄복을 했다고 합니다. 당시 안중근을 감시하던 일본 교도관도 그의 인품을 존경해서 마지막으로 자신을 위해서 글을 하나 남겨 달라고 했다고 합니다. 그 유명한 글이 바로 '위국헌신 군인본분'이라는 글입니다.

爲國獻身 軍人本分
나라를 위해 몸을 바치는 것은 군인의 본분

안중근이 써 준 이 글을 받은 일본 교도관은 군 복무를 마치고도 그 글을 자기 집에 모셔 두고 안중근을 추모했다고 합니다. 일본 교도관이 자기 나라의 적인 안중근을 존경할 수밖에 없었던 것은 의로운 일에 당당하게 나선 그 용기가 다른 사람들에게 존경받을 만한 일이었기 때문입니다. 한 개인의 복수심으로 사람을 죽인 것과 나라와 인류를 위해 사람을 죽인 것은 그 명분이 다른 것입니다.

안중근과 동양평화론

안중근(1879~1910)은 황해도 해주에서 태어난 독립운동가입니다. 어린 시절에 아버지가 만든 서당에서 사서와 사기를 읽었습니다. 어릴 때부터 틈만 나면 사냥을 다녔는데, 명사수로 소문이 났습니다. 열여섯 살 무렵 아버지가 해주감사 요청으로 동학군 진압에 나설 때 참가하기도 했습니다. 러일 전쟁이 일어났을 때 잠깐 해외로 망명했습니다. 황해도에 삼흥학교를 세우고 남포에 돈의학교를 세워서 학교 교육에도 힘썼습니다. 1907년 북간도로 망명한 안중근은 그곳에서 일본군에 맞서 무장 투쟁을 합니다. 안중근은 함경북도 지역에서 일본군 정찰대를 격파하고 회령 전투에서는 패배합니다.

1909년에 러시아 노브키에프스크에서 김기룡, 엄인섭,

안중근

황병길을 포함한 독립군 동지 열두 명이 모여 손가락을 잘라서 맹세합니다. 여기서 안중근, 엄인섭은 이토 히로부미를 처단하고, 김태훈은 이완용을 죽일 것을 결의합니다. 안중근은 블라디보스토크에서 발간되는 신문을 보고 이토가 러시아의 대장대신과 하얼빈에서 회견하기 위해 만주에 온다는 사실을 알게 됩니다. 그는 우덕순, 조도선, 유동하와 함께 이토를 처단할 계획을 세웁니다.

여러분은 1909년 10월 26일 오전에 무슨 일이 일어났는지 알고 있습니까? 세상이 깜짝 놀랄 일이 일어났습니다. 안중근이 일본 통감 이토 히로부미를 죽인 날입니다. 안중근은 이토를 처단하기 위해 하얼빈으로 가면서 〈맹세가〉를 남기기도 했습니다. 일본 통감 한 명을 처단하는 일을 넘어서 '대한국인'의 영혼이 죽지 않았다는 것을 보여 주는 일이었습니다. 이 일은 대한 군인의 정신과 기상을 세계에 알린 계기가 되었습니다.

1909년 10월 26일 아침, 드디어 이토를 태운 특별 열차가 하얼빈에 도착했습니다. 이토는 러시아 대장대신과 약

25분간 열차 회담을 마치고 차에서 내렸습니다. 이토가 러시아 장교단을 사열하고 환영 군중 쪽으로 발길을 옮기는 순간 안중근이 뛰어나오며 권총을 발사해서 이토에게 세 발을 명중시켰습니다. 안중근은 서른한 살의 나이에 대한 의용군이라는 이름으로 이토를 죽이고 당당하게 주장합니다. 자신은 대한 군인으로 적장을 죽이고 잡힌 전쟁 포로이므로 제네바 협정에 따라 '전범으로 기소했을 때, 의도적으로 공정한 재판을 받을 권리를 박탈하는 행위를 하지 말라'고 요구하면서 재판을 거부했습니다. 이렇게 처음부터 재판이 부당하다는 발언권을 행사하면서 당당하게 일본 재판관에 맞섭니다.

안중근이 일본 재판소에서 사형을 받았지만 항소를 하지 않은 것은 제네바 협정에 따라 군인 포로 대접을 하지 않았고, 더구나 중국 땅에서 일어난 일을 일본이 재판하는 일은 처음부터 잘못되었다고 생각했기 때문입니다. 안중근은 1910년 3월 26일 오전 10시 여순 감옥의 형장에서 순국하였습니다. 안중근은 이렇게 동양 삼국뿐만 아니라 세계에 대한국인의 기상을 알렸습니다.

안중근은 여순 감옥에서 〈동양평화론〉을 쓰면서 일본의 조선 침략이 부당함을 온 세상에 알립니다. 이 글은 지금 읽어도 가슴이 벅찬 글입니다.

성패는 만고에 항상 정해진 이치이다. 오늘날 세계는 동서로 갈라지고, 인종이 각각 다르며, 서로 경쟁하기를 밥 먹듯 하며 이기 연구에 농상보다 더욱 열중하여 새로 전기포, 비행선, 침수정(잠수함) 등을 발명하고 있으니, 이것들은 사람이나 사물을 상해하는 기계들이다. 젊은 청년들을 훈련시켜 전쟁터에 몰아넣어 수없는 귀중한 생령들이 희생물처럼 버려져, 피가 내가 되어 흐르고 시체는 쌓여 산을 이루어 그칠 날이 없다.

이 글은 〈동양평화론〉의 앞부분입니다. 온 세계 모든 나라가 무기를 만들고 젊은이들을 전쟁터로 몰아넣는 것을 비판하고 있습니다. 안중근은 동양 평화뿐만 아니라 세계

평화를 위해 무엇을 해야 하는지를 말하고 있습니다. 일본이 제네바 협정을 어기고 서둘러 안중근을 죽였기 때문에 동양평화론을 다 쓰지는 못했지만, 앞부분만 읽어도 그 포부와 인류를 사랑했던 마음을 읽을 수 있습니다. 지금도 세계 곳곳에서는 무기를 만들고 있으니 안중근의 〈동양평화론〉은 시대를 넘어서 생각해 보아야 할 글입니다.

학도가

김인식 작사 | 김인식 작곡

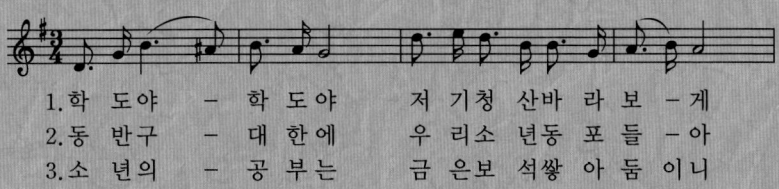

1. 학 도야 - 학 도야 저 기청 산바 라 보 - 게
2. 동 반구 - 대 한에 우 리소 년동 포 들 - 아
3. 소 년의 - 공 부는 금 은보 석쌓 아 둠 이니

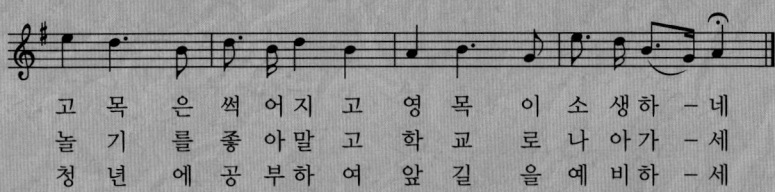

고 목 은 썩 어 지 고 영 목 이 소 생 하 - 네
놀 기 를 좋 아 말 고 학 교 로 나 아 가 - 세
청 년 에 공 부 하 여 앞 길 을 예 비 하 - 세

학도가

학도야 학도야 저기 청산 바라보게
고목은 썩어지고 영목이 소생하네

동반구 소년에 우리 대한 동포들아
놀기를 좋아 말고 학교로 나아가세

소년의 공부는 금은보석 쌓아둠이니
청년에 공부하여 앞길을 예비하세

나라의 뿌리가 우리 소년 공부로다
열심을 다 드리고 나라를 도와보세

우리의 공부는 충의이자 뿐이로다
국은을 잊지 말고 자유를 잃지 마라

충군과 애민이 우리 학생 중에 있네
정신을 가다듬고 예기를 다해보세

영웅과 장수는 금수라도 좋아하네
영기를 받은 우리 혈성을 다 드리세

학도의 앞길은 교만지심 무섭다
겸손을 앞세우고 사랑을 표준하세

우리의 직책은 부모께 효성함이니
말씀을 순히 듣고 명령을 지켜보세

학도야 학도야 우리 담책 지중하다
금같은 이 시대에 목적을 달해보세

〈노래 이야기〉

〈학도가〉는 1905년 김인식이 작사하고 작곡한 노래입니다. 이 노래는 그 당시에는 매우 드물게 한국인이 작사하고 작곡한 노래입니다. 이 노래의 내용도 자주 독립의 길을 찾기 위해서 학생들의 몫이 중요하다고 말하고 있습니다.

이 노래 제목인 학도는 공부하는 사람들이라는 뜻입니다. 곧 학생들이 공부하는 목적은 나라에 충성하고 백성을 사랑하고 부모께 효도를 다하는 것이라고 합니다. 열심히 공부해서 나라를 발전시키는 뿌리가 되자는 것입니다.

이 노래에 나오는 가사 중에서 '청산'은 푸른 산을, '고목'은 오래된 나무를, '영목'은 어린 나무를 말합니다. 푸른 산에 오래된 나무는 사라지고 어린 나무들은 살아난다고 합니다. 학생들을 어린 나무에 빗대고 있습니다. '동반구'는 지구를 동서 두 쪽으로 나누었을 때 동쪽 부분을 말합니다. '충의이자'는 나라에 충성할 '충'과 의롭다는 뜻을 가진

'의' 두 글자, '국은'은 나라가 있어서 받은 은혜를 말합니다. '예기'는 날카롭고 굳세며 적극적인 기세, '금수'는 날짐승과 길짐승이라는 뜻으로, 모든 짐승을 말합니다. '영기'는 신령스러운 기운을 말하고, '혈성'은 진심에서 우러나오는 정성을 말합니다. 영웅과 장수가 되어서 신령스러운 기운으로 진심을 다하자는 뜻입니다. '교만지심'은 잘난 체하며 뽐내고 건방진 마음, '담책'은 맡아서 책임을 지는 것을 말합니다. 학생들이 잘난 체하지 않고 겸손하게 공부해서 나라를 위해 맡은 책임을 다하는 것이 중요하다고 합니다.

 이처럼 〈학도가〉는 학생들이 열심히 배워서 나라의 기둥이 되자는 내용으로 되어 있습니다. 나라가 어려움에 놓일 때 학생들이 앞장서서 나라의 운명을 새롭게 열어 가야 합니다. 청년들은 새로운 공부를 해서 나라를 위기에서 구해야 하고 농업, 공업, 상업을 하는 사람들은 나라를 부유하게 하는 방법을 찾아야 합니다.

 〈학도가〉는 배우는 학생들이 어떻게 해야 하는지를 말하고 있습니다. 새로운 문화가 일어나는 시대에는 앞장서서 일하는 사람들의 책임이 무엇보다 중요하다고 말합니다. 이 노래의 가사처럼 나라의 미래는 공부하는 학생들에게 있다는 사실을 잊지 말아야 할 것입니다.

김인식과 학도가

김인식(1885~1963)은 평양에서 태어났습니다. 그는 우리나라 최초의 서양 음악 교사였습니다. 1896년 감리교에서 경영하던 평양의 숭덕학교에 입학하였습니다. 상동청년학원 중학부에서 서양 음악을 지도하면서 진명, 오성, 경신, 배재 등 여러 사립 학교에서 서양 음악을 지도하였습니다. 그의 가르침을 받은 사람 중에는 홍난파와 이상준이 있습니다. 홍난파는 그에게 바이올린을 배웠다고 합니다.

김인식은 〈학도가〉, 〈표모가(빨래하는 나이 든 여사의 노래)〉, 〈전진가(나아가는 노래)〉, 〈국기가(나라의 깃발 노래)〉를 지었습니다. 그는 초창기 우리나라 서양 음악의 주춧돌이

된 사람으로 평가받고 있습니다.

안창호가 작사하고, 이성식이 작곡한 〈학도가〉도 있는데, 조국의 독립과 광복을 염원하고, 애국정신을 강조하는 내용이 담겨 있습니다.

청산 속에 묻힌 옥도 갈아야만 광채나네
낙락장송 큰 나무도 깎아야만 동량되네 (1절)

공부하는 청년들아 너의 직분 잊지마라
새벽달은 넘어가고 동천조일 비쳐온다 (2절)

이 노래는 4절로 된 대중가요입니다. 이 노래가 대중가요로 알려졌기 때문에 지금도 이 노래를 여러 가지 학도가 가운데서 대표 작품이라고 생각하는 사람들이 많습니다. 그런데 이 노래는 몇 가지 문제도 있습니다.

이 노래는 학생들이 열심히 공부해서 일본 문화를 본받자는 뜻으로도 해석할 수 있기 때문입니다. 특히 문제가

김인식

되는 부분은 2절에 나오는 '동천조일'이라는 말입니다. 앞부분에 나오는 '새벽달'은 우리나라를, '아침의 해'는 일본을 상징한다고 말할 수 있습니다. 이렇게 해석하면 4절에 나오는 '유신문화'는 일본의 메이지 유신을 말하게 됩니다. 결국 이 노래는 2절과 4절에서 일본을 찬양하는 뜻이 담겨 있다고 볼 수 있습니다.

　당시에 학도가는 유행처럼 번져서 애국가만큼이나 많이 불렀던 노래입니다. 제목이 같고 노랫말이 다른 것이 많기 때문에 그 목적도 각기 달랐습니다. 우리 민족이 스스로 깨달아야 한다는 민족의식을 심어 주는 노랫말이 많지만 본뜻과는 반대로 일본 문화와 교육을 찬양하는 노랫말을 넣을 수도 있습니다. 이처럼 학도가는 어느 쪽이든 대중들을 계몽하려는 목적으로 만들어서 운동가 형식으로 불렀습니다.

　대부분 학도가는 독립 투쟁을 위해서 국민들의 교육이 무엇보다 중요하다는 계몽 의식을 담고 있습니다. 배움의 길은 위기 속에 있는 나라를 구할 수 있는 유일한 길입니다. 이것은 옛날이나 지금이나 똑같습니다. 학생들은 새로운 공부를 열심히 배워야 하고 각자가 맡은 일에 충실해야 합니다. 학생들이 열심히 배우면 나라는 위기에서 벗어날 수 있을 것이며, 보다 튼튼한 나라를 만들 수 있을 것입니다.

　〈학도가〉는 지금의 학생들에게도 하고 싶은 말을 담아내고 있습니다. 모두가 부강해질 수 있는 길은 배움의 길입니다. 이 노래를 부르면서 열심히 배울 것을 다짐하는 계기가 되었으면 합니다.

희망가

이 풍진 세상을 만났으니 너의 희망이 무엇이냐
부귀와 영화를 누렸으면 희망이 족할까
푸른 하늘 밝은 달 아래 곰곰이 생각하니
세상만사가 춘몽 중에 또다시 꿈같도다

이 풍진 세상을 만났으니 너의 희망이 무엇이냐
부귀와 영화를 누렸으면 희망이 족할까
담소화락에 엄벙덤벙 주색잡기에 침몰하리
세상만사를 잊었으면 희망이 족할까

노래 이야기

〈희망가〉는 나라를 빼앗긴 백성들의 울분을 담아내고 있습니다. 희망이 사라진 시대에 절망을 넘어서는 길이 무엇인지를 말하고 있습니다. 이 노래의 노랫말 중에서 '풍진 세상'은 세상에서 일어나는 힘겨운 일을 뜻하고, '춘몽'은 봄날의 꿈을 말합니다. '담소화락'은 웃으면서 서로 즐겁게 노는 것, '주색잡기'는 술과 잡기에 빠져 사는 것을 말합니다. '침몰하리'는 세력이나 기운 따위에 빠져드는 것을 비유적으로 표현한 것입니다.

나라를 빼앗긴 백성에게 부귀와 영화도 쓸데없는 일이고, 서로 즐겁게 노는 일과 술과 잡기에 빠져서 사는 것도 헛된 일입니다.

1절은 어렵고 힘든 세상에 부귀와 영화가 아무런 소용이 없다고 말합니다. 부귀와 영화는 모두 한바탕 봄날의 꿈과 같은 것이라고 합니다. 모든 일이 절망에 빠져 있어서 삶의 희망마저도 사라지고 말았습니다. 그러나 그 어렵고 힘든 세상도 봄날의 꿈과 같이 지나갈 것이라고 말하고 있습니다. 절망 속에서 희망의 싹을 꿈꾸고 있습니다.

2절은 즐겁고 신나게 놀면서 술과 잡기에 빠져서 살지 않겠다는 다짐을 하고 있습니다. 세상의 모든 나쁜 일들을 잊고 새로운 희망을 가지고 살자고 합니다. 2절의 끝부분에 나오는 '침몰하리'는 '침몰하겠느냐?'는 뜻으로 나쁜 세상에 빠져서 살지 않겠다는 의지를 말하고 있습니다.

〈희망가〉는 희망이 없는 시대에 현실을 잠시 잊고 새로운 희망을 찾아가려는 소망을 노래하고 있습니다.

〈희망가〉와 합병의 설움

찬송가로 전하는 〈희망가〉는 1914년 만주 광성중학교 등사본에 실려 있습니다. 그 노랫말의 1절은 이렇게 되어 있습니다.

> 독립할 좋은 희망 기쁘하게 하도다
> 사천여년 오랜 나라 더욱더욱 새로워
> 동포들아 충의로써 국권배양 어서 해서
> 하리로다 하리로다 우리나라 독립

이 노래의 원곡은 1850년 영국 춤곡을 바탕으로 제레미 인갈스가 작곡한 〈우리가 집으로 돌아올 때〉라는 제목의 찬송가입니다.

1910년에 임학천이 〈이 풍진 세상을〉이라는 제목으로 가사를 만들었고 이채선, 박류파 두 민요 가수가 불렀습니다. 특히 1930년 국내 최초의 대중 가수 채규엽이 레코드 판으로 만들어 대중적으로 널리 알려졌지만 이미 〈희망가〉는 만주 지역의 독립군 양성 학교에서 널리 불리던 노래입니다. 채규엽의 친일 행적으로 이 노래도 잘못 알려지기도 했지만 그 본질을 바로 알아야 할 것입니다.

이 노래에 나오는 가사 내용처럼 우리 민족은 비록 나라는 빼앗겼지만 언젠가는 독립을 할 수 있을 것이라고 합니다. 우리 민족의 끈질긴 힘은 어려울 때일수록 희망을 가지는 데 있습니다. 절망은 잠시 봄날의 꿈과 같이 잊어버리고 언젠가는 희망의 날이 올 것이라고 생각합니다.

〈희망가〉는 우리 민족의 저력을 잘 보여 주는 노래입니다. 어려운 시대일수록 그 시대를 이겨내기 위한 희망의 메시지가 필요합니다. 나라를 빼앗긴 슬픔을 이겨내기 위해서 우리나라 백성들은 희망을 노래하고 있습니다. 슬픔을 이겨내기 위해서 노래를 부르고 있습니다. 우리나라 대부분의 민요들이 울분을 노래함으로써 그 울분을 풀어내고 절망을 희망으로 바꾸고 있습니다. 〈희망가〉는 울분을 이겨내는 독특한 방식의 노래입니다.

1910년 8월 22일 이완용과 데라우치 통감이 두 나라의 합병 조약을 조인합니다. 이 사실이 국민들에게 알려지면 반발이 심할 것 같아서 발표를 미룹니다. 8월 29일 일본은 정치 단체의 모임을 막고, 조정의 원로대신을 가둔 뒤에 순종에게 두 나라가 합병되었다는 사실을 알리도록 합니다. 그해가 경술년이라 경술 국치일이라고 부릅니다. 그 치

욕의 날을 잊지 않기 위해서 〈국치가〉, 〈국치추념가〉를 불렀습니다.

한글학자 이윤재는 〈국치가〉에서 "빛나고 영광스런 반만년 역사 / 광명을 자랑하던 선진국으로 / 슬프다 천만 몽외 오늘 이 지경 / 아 이 부끄럼을 못내 참으리"라고 노래하고 있습니다. 그날의 부끄러움이 참을 수 없는 울분으로 나타나 있습니다.

작가가 알려지지 않은 〈국치추념가〉에서는 "경술년 추팔월 이십구일은 / 조국의 운명이 떠난 날이니 / 가슴을 치면서 통곡하여라 / 갈수록 종설움 더욱 아프다"라고 노래하고 있습니다. 나라를 빼앗긴 백성의 설움과 울분은 더욱 깊어만 갔습니다.

〈희망가〉는 국권 침탈의 설움을 이겨내는 노래로, 3·1 운동의 울분을 한탄하는 노래로 이어지면서 일제 침략 때 우리 민족의 설움과 울분을 담아낸 노래입니다.

봉선화

울밑에 선 봉선화야 네 모양이 처량하다
길고 긴 날 여름철에 아름답게 꽃필 적에
어여쁘신 아가씨들 너를 반겨 놀았도다

어언 간에 여름 가고 가을바람 솔솔 불어
아름다운 꽃송이를 모질게도 침노하니
낙화로다 늙어졌다 네 모양이 처량하다

폭풍한설 찬바람에 네 형체가 없어져도
평화로운 꿈을 꾸는 너의 혼이 예 있으니
화창스런 봄바람에 환생키를 바라노라

노래 이야기

작사가 김형준은 자기 집 울타리 아래에 피어 있는 봉선화를 보고 이 노랫말을 썼다고 합니다. 노랫말만 놓고 보면 이 노래는 4·4조의 4음보 격으로 민요와 창가의 리듬으로 되어 있습니다. 노랫말만 흥얼거려도 리듬이 살아납니다. 이 노래는 우리나라 전통 리듬을 잘 살리고 있습니다. 또한 그 내용은 일제의 식민지가 된 우리 민족의 처량한 신세를 잘 표현해 내고 있습니다. 우리 민족의 수난을 잘 표현한 작품입니다.

이 노래 내용은 여름날에 활짝 피었던 봉선화가 가을을 맞아서 꽃잎이 떨어져서 슬픈 신세가 되었고, 겨울 찬 바람에 형체도 없이 사라졌지만 내년 봄에는 다시 피어날 것이라고 확신하고 있습니다. 여기서 봉선화는 나라를 빼앗긴 우리 민족을 상징합니다. 지금은 일본에게 나라를 빼앗기고 식민지가 되어서 혹독한 겨울을 견디고 있지만 언젠가는 새봄이 돌아와서 다시 활짝 살아날 것이라고 합니다.

〈봉선화〉는 만주에 망명하면서 독립운동을 했던 독립군들이 많이 불렀던 노래입니다. 이 노래를 부르면서 나라를 잃은 민족의 설움을 달랠 수 있었기 때문입니다.

김형준과 〈봉선화〉

김형준(1885~?)은 평양 숭실학교를 졸업하였습니다. 우리나라 악단의 선구자로서 음악 교육과 연주로 음악 운동에 이바지하였습니다. 〈봉선화〉, 〈저 구름의 탓〉, 〈나물 캐는 처녀〉 들을 작사했습니다. 이렇듯 김형준은 김인식, 이상준, 안기영으로 이어지는 민족 찬송가 운동의 한 맥을 이어 가는 성악가로 우리 근대 성악 운동을 이끌어 주었고, 우리 민족 근대 음악사에서 아주 중요한 자리에 있어야 할 음악가입니다. 민족 음악의 선구자인 김형준이 작사한 〈봉선화〉는 우리 민족의 슬픔과 수난, 나아가 울분을 표출하는 대표적인 항일 시가라 할 수 있습니다.

원래 〈봉선화〉는 김형준이 작사하고 작곡까지 했다고 합니다. 그런데 김형준이 쓴 가사만 남아 있고 불행하게도 곡은 남아 있지 않습니다. 지금 우리가 알고 있는 〈봉선화〉 곡은 홍난파가 작곡한 것입니다. 홍난파가 1920년에 《처녀혼》이라는 창작 소설 단편집 앞쪽에 〈애수〉라는 제목으로 악보만 실었는데, 나중에 이 악보 가사로 김형준이 쓴 봉선화를 붙여서 가곡으로 발표했습니다.

가곡 봉선화가 맨 처음 공개된 장소에서 불린 건 1942년 6월 11일 경성부민관이라고 합니다. 이곳에서 친일 음악 단체인 '경성 후생 실내악단' 창단 연주회 피로연 때 친일 가수였던 소프라노 김천애가 불렀다고 합니다. 김천애가 조선의 여성들이 일본군 성 노예인 정신대에 참가하는 것을 축하하는 자리에서 〈봉선화〉를 불렀고, 친일 영화 〈애국의 꽃〉 배경 음악으로 사용되면서 전쟁 참가를 독려하는 친일 가요로 변질되고 말았습니다. 더구나 작곡자 홍난파까지 나중에 친일을 합니다.

이렇게 친일 작곡가인 홍난파가 자기 곡에 김형준이 쓴

봉선화 가사를 마음대로 갖다 붙이고, 친일 가수가 부르고, 일제 홍보 영화인 〈애국의 꽃〉 배경 음악으로 쓰면서 우리 민족의 설움과 울분을 표현하던 이 노랫말이 갖고 있던 본질이 훼손되었습니다.

친일파들 때문에 가사에 담겨 있던 본뜻이 뒤틀리게 되었고, 친일 가요라는 수난을 겪게 되고, 가사를 쓴 김형준까지 잊히고 말았습니다. 정말 울밑에 선 봉선화 신세만큼이나 처량하고 슬픈 이야기입니다. 일제 강점기를 거치면서 노래까지도 이런 수모를 당해야 했던 것이 나라 잃은 우리 민족이 겪어야 했던 비극입니다.

그러나 〈봉선화〉 가사는 당시 우리 민족의 현실을 반영하고 있음을 분명히 알아야 합니다. 〈봉선화〉는 일반인들에게 널리 불리다가 나중에 가곡으로 만들어진 노래고, 1942년 친일 가수 김천애가 부르기에 앞서 만주 지역 독립군들이 많이 부르면서 우리 민족의 울분을 달랬던 노래입니다. 곡보다도 노랫말이 우리 민족의 슬픔을 잘 표현한 노래라는 것을 말하고 있습니다.

친일 가요라는 잘못된 인식에서 벗어나서 이 노래가 갖고 있는 본뜻을 되살릴 때, 〈봉선화〉는 올바른 자리를 찾을 수 있을 것입니다.

고난의 노래

작사 미상 | 작곡 미상

고난의 노래

이내 몸이 압록강을 건너올 때에
가슴에 뭉친 뜻 굳고 또 굳어
만주 들에 북풍한설 몰아붙여도
타오르는 분한 마음 꺼질 바 없고
오로라의 얼음산의 등에 묻혀도
우리 반항 우리 싸움 막지를 못하리라

피에 주린 왜놈들은 뒤를 따르고
괘씸할사 마적 떼는 앞길 막누나
황야에는 해가 지고 날이 저문데
아픈 다리 주린 창자 쉴 곳을 찾고
저녁 이슬 흩어져 앞길 적시니
쫓기는 우리의 신세가 처량하구나

노래 이야기

〈고난의 노래〉는 청산리 전투 전후에 불렀던 노래로 알려져 있습니다. 노랫말을 살펴보면 1절은 독립 전쟁에 참가하는 독립군의 굳센 의지를 나타내고 있습니다. 독립군이 되기 위해 압록강을 건너오던 가슴에 뭉친 뜻이 더욱 더 굳세어지고, 죽어서 시베리아 얼음에 묻힌다 해도 독립군으로 끝까지 싸우겠다는 뜻입니다. 2절은 청산리 전투를 치르고 난 뒤 북쪽으로 후퇴하면서 겪는 고난을 노래하고 있습니다.

청산리 전투에서 참패한 일본군은 더 많은 군대로 독립군을 쫓아가며 만주에 살던 조선 동포들이 사는 마을을 불태우면서 피에 굶주린 악마처럼 무기도 없는 민간인들을 남녀노소 가리지 않고 무차별 학살했습니다. 또 일본군에게 돈이나 무기를 받은 마적들이 독립군들을 공격합니다. 조선 동포들 마을이 모두 불타고 사람들이 죽었으니 먹고 쉴 곳조차 없어 북쪽 국경 지대로 후퇴해야 하는 독립군 처지를 노래하고 있습니다.

청산리 전투에서 값진 승리를 거두었다고 해도 전투를 치른 독립군들도 피해를 입었습니다. 10월 만주는 북풍한설이 몰아치는 추운 계절입니다. 독립군들은 그 추위 속에서 제대로 된 군 장비도 갖추지 못하였고, 먹을 것과 입을 것도 그리 넉넉하지 않았습니다. 그야말로 '아픈 다리 주린 창자 쉴 곳'을 찾으려고 해도 찾을 수 없었습니다. 홍범도 부대는 백두산의 밀림에 들어가서 추위를 피할 정도였다고 합니다. 이 밀림까지 쫓아온 일본군은 밀림에 익숙한 홍범도 부대에게 패하긴 했지만, 독립군들이 일본군을 피할 만한 곳은 그리 좋은 환경이 아니었습니다.

독립군들이 그 어려운 조건을 이겨내기 위해서는 강한 의지가 필요했습니다. 〈고난의 노래〉는 그런 어려움을 이겨내려는 독립군들의 의지와 일본군에게 쫓기면서도 스스로를 위로하는 강한 정신을 보여 주고 있습니다. 이런 정신이 있었기 때문에 청산리 전투를 대승리로 이끌어 낼 수 있었습니다.

김좌진과 청산리 전투

1920년 10월 21일 오전 9시부터 26일까지 백두산 자락 청산리에서는 일본군과 독립군 사이에 치열한 전투가 일어납니다. 이 전투는 우리 독립 전쟁 중에서 가장 뛰어난 금자탑을 세운 청산리 전투입니다. 청산리 전투는 독립군과 일본군이 북만주 지역의 백운평과 삼도구 이도구 일대에서 10여 차례 전투를 치른 대격전이었습니다.

청산리 전투는 나라를 빼앗기고 일제의 침략이 점점 심해지는 때에 우리 민족의 독립 의지를 세계 곳곳에 알린 독립 전쟁이었습니다. 청산리 전투는 김좌진이 이끄는 북로군정서, 홍범도가 이끄는 대한독립군을 비롯한 연합 부대가 함께 치른 전투였습니다.

일본군은 기병과 포병을 포함해 약 5천 명 병력으로 김좌진 부대와 홍범도 부대를 섬멸하기 위해 작전을 개시합니다. 일본군은 독립군과 싸우러 왔다고 하면서 한국인이 사는 마을에 불을 지르고 아무 죄 없는 양민들을 학살하기 시작합니다. 독립군 부대는 처음에는 전투를 피하려고 했는데, 일본군 만행이 더 심해지는 것을 보고 공격하기로 합니다. 이렇게 해서 약 일주일간의 전투를 치르게 됩니다.

그 첫 번째 전투가 유명한 백운평 전투입니다. 이 전투는 북로군정서 사령관 김좌진과 연성대장 이범석이 지휘한 전투였습니다. 독립군은 무기와 군사력에서 일본군에게 밀리고 있어서 지형과 지물을 이용해서 일본군과 싸웁니다. 이 전투에서 일본군은 크게 패배하고 물러납니다. 이때 죽은 일본군은 약 천 명에 이른다고 합니다. 백운평이 일본군 시체로 가득했다고 합니다. 이 전투가 끝나고 이어진 홍범도 연합 부대와 치른 전투에서도 일본군은 패배합니다. 전투력을 잃어버린 일본군은 계속 쫓기는 신세가 되었고, 독립군은 여러 차례 일본군을 쫓아가며 공격하여 크게 승리합니다. 일본군은 심각한 타격을 입고 물러나게 됩니다.

청산리 전투는 만주 지역에서 결성된 여러 독립군 단체들이 연합하여 치른 한국 독립 전쟁 중에서 독립군의 대

승리로 막을 내린 전투였습니다. 청산리 전투를 대승리로 이끈 김좌진은 한국 독립 전쟁사에서 기억해야 할 큰 별입니다.

김좌진(1889~1930)은 충청남도 홍성에서 태어났습니다. 세 살 때 아버지를 잃고 홀어머니 밑에서 자랍니다. 어릴 때부터 똑똑하고, 공부보다는 전쟁놀이와 말타기 놀이를 좋아했다고 합니다. 열다섯 살 때 자신의 집에서 일하던 노복들을 불러서 노비 문서를 불태우고 농사지을 땅을 골고루 나누어 주었습니다.

나라가 위태로워지자 나라를 구하기 위해 육군 무관 학교에 입학하고, 군사 훈련을 받습니다. 육군 무관 학교를 마치고 고향으로 돌아와서는 집 재산을 정리해서 호명학교를 세우고 북간도로 가서 독립군 사관 학교를 세웁니다. 이들 학교는 청산리 전투를 승리로 이끄

김좌진

는 원동력이 됩니다.

　김좌진은 1930년 1월 24일 중동 철도선 산시역 앞 자택 부근에 있는 정미소에서 공산주의자 박상실이 쏜 흉탄에 맞아 순국할 때까지 대한 독립군을 이끈 독립군 부대의 큰 별이었습니다.

전우 추모가

언제나 우리 동지 돌아오려나
애가 달아 기다린지 해가 넘건만
찬바람 눈보라 휘날리는 들
눈물겨운 백골만 널려 있고나

서산에 지는 해야 머무러다오
우리 동지 돌아올 길 아득해진다
돌아보니 동지는 간 곳이 없고
원수들의 발굽만 더욱 요란타

아 생각 더욱 깊다 나의 동지야
네 간 곳이 어드메냐 나도 가리라
보고 싶은 네 얼굴 살아 못보니
넋이라도 네 품에 안기려 한다

노래 이야기

이 노래는 1920년대 남만주에서 독립 전쟁을 치렀던 양세봉 장군이 이끄는 독립군 부대가 엄동설한의 만주 들에서 일본군과 싸우다가 물러나면서 불렀다고 합니다. 이 노래는 부상당한 전우를 구하지 못하고 마침내 일본군의 손에 죽은 동지들의 영령을 달래기 위해서 부른 노래입니다. 즉, 만주 지역 곳곳에서 전투를 치르다 죽은 독립군을 애도하는 노래입니다.

스무 살 나이에 항일 무장 독립군 부대에서 활동했던 조동린 독립운동가는 이 노래를 부르면서 당시 힘들었던 때를 생각하면서 눈물을 흘리기도 했습니다. 그만큼 이 노래의 노랫말은 슬프고 처량한 분위기가 느껴집니다.

1절은 전투에서 함께 싸웠지만 돌아오지 못하는 동지를 그리워하고 있습니다. 전장에서 죽은 동지들은 돌아오지 못하고 백골이 되고 말았습니다. 2절에서도 돌아오지 못하는 동지에 대한 애달픈 정을 노래하고 있습니다. 3절은 돌아오지 못하는 동지와 넋이 되어서라도 만나고 싶다고 합니다.

목숨을 걸고 싸우는 전쟁터에서는 항상 승리하는 일만 있는 것이 아닙니다. 어떨 때는 패배도 하고, 같이 싸우던 동지들이 죽기도 합니다. 청산리 전투에서 승리한 기쁨도 잠시 항일 무장 독립군 부대는 국내와 국외에서 쫓기는 신세가 됩니다. 〈전우 추모가〉는 처절한 전쟁터에서 독립군들의 뜨거운 동지애를 느낄 수 있습니다.

경신참변과 자유시 참변

의병들은 1915년 이후 대부분 만주와 노령 지역으로 옮겨서 항일 운동을 펼칩니다. 만주 지역은 국내에서 살기 어려운 백성들이 옮기시 살기도 한 곳입니다. 만주에 모인 사람들은 국내에서 의병 활동을 했던 의병장들도 있었고, 일본 사관 학교를 나와서 독립운동을 하기 위해 독립군 진영으로 온 사람들도 있었습니다. 국내에서 독립운동을 하다가 만주 지역으로 근거지를 옮긴 사람도 있었습니다. 이들이 모여서 각 지역에 독립군 단체를 만들기 시작합니다.

1920년쯤에는 만주와 노령 지역에 수많은 독립군 단체가 만들어집니다. 이들은 국경 지역에서 일본군과 전투를 치릅니다. 국경 지역에 있었던 일본군 수비대는 독립군 유격대 활동 때문에 많은 피해를 입습니다. 만주와 노령 지역의 독립군 단체는 러시아와 중국으로부터 쉽게 무기를 구입할 수 있어서 일본군과 무장 투쟁을 할 수 있었습니다. 국내의 의병 활동이 무기와 전술 면에서 일본군에게 밀렸지만, 만주와 노령 지역의 독립군 단체들은 일본군과 전투를 치를 수 있을 정도의 무기와 전투력을 갖추었습니다.

1920년대 이후 만주와 노령 지역의 항일 무장 독립군단은 작은 규모도 있었지만 1천 명이 넘는 군사 조직을 갖춘 군단도 있었습니다. 이들 단체는 만주와 노령 지역에서 크고 작은 전투를 치렀습니다. 항일 무장 독립군단이 연합 부대를 만들지는 못했지만 여기저기서 유격전의 형태로 일본군과 전투를 치렀습니다. 청산리 전투 이후 일본군은 만주 지역의 항일 무장 독립 부대를 섬멸하지 않으면 중국 침략이 어렵다고 판단하고 간도 지역 독립군을 몰아내기 위해서 일본군을 파견합니다. 이들 일본군은 중국의 연변과 훈춘 지역에 살고 있는 한국인을 무조건 죽였습니다. 불과 몇 달 사이에 수만 명이 일본군에게 학살당했다고 합니다. 이 사건을 간도 참변, 또는 경신년(1920년)에 일어나서 경신참변이라고도 합니다.

청산리 전투에서 승리한 항일 독립군 부대는 러시아로 이동하여 대한독립군단을 조직합니다. 일본군은 간도 지역뿐만 아니라 국경 지역의 독립군까지 몰아내기 위해서 러시아 국경 지역까지 쫓아갑니다. 일본 정부는 연해주에서 머물고 있던 항일 독립군들이 러시아로부터 무기를 사들인다는 것을 알고 러시아에 압력을 넣어서 자유시 참변을 일으킵니다.

러시아는 알렉세예프스크(자유시)에 모인 독립군의 무장

을 해제할 것을 강요하고 이를 거부하는 독립군 약 1천 명을 무차별 사살합니다. 이 사건이 자유시 참변입니다. 이 사건으로 항일 무장 독립군 부대는 많은 희생자를 내고 다시 만주로 돌아옵니다. 봉오동 전투와 청산리 전투에서 승리한 독립군은 이 전투를 전후로 하여 많은 피해를 입습니다. 일본군은 독립군뿐만 아니라 민간인까지도 무자비하게 죽입니다. 〈전우 추모가〉는 1920년대 이후 쫓기던 독립군들이 전우의 넋을 위로하는 노래로 불렀습니다.

〈전우 추모가〉를 지은 김학규(1900~1967)는 평안남도 평원 출신의 독립운동가입니다. 어린 시절에 만주로 건너가서 독립군을 양성하는 교육 기관인 신흥무관학교를 졸업

김학규

하였습니다. 그 후 만주 유하현에 있는 동명중학교에서 교편을 잡았습니다. 1931년 조선혁명당에 가입하여 군사령부 참모가 되어 만주 일대의 전투에 참가하여 많은 전공을 세웁니다. 1940년 한국광복군이 편성되었을 때 총사령부 참모가 되었습니다. 1941년 광복군 제3지대장으로 취임한 뒤 많은 공을 세웠습니다.

광야를 달리는 독립군

이청천 작사 | 작곡 미상

광야를 달리는 독립군

광야를 헤치며 달리는 사나이
오늘은 북간도 내일은 몽고 땅
흐르고 또 흘러 부평초 같은 몸
고향 땅 떠난 지 그 몇해이런가
석양 하늘 등에 지고 달려가는 독립군아
남아 일생 가는 길은 미련이 없어라

백마를 타고서 달리는 사나이
흑룡강 찬 바람 가슴에 안고서
여기가 싸움터 웃음 띤 그 얼굴
날리는 수염에 고드름 달렸네
북풍한설 헤쳐가며 달려가는 독립군아
풍찬노숙 고생길도 후회가 없어라

노래 이야기

〈광야를 달리는 독립군〉에도 독립군들의 넘치는 기상과 독립을 꼭 이루겠다는 의지가 담겨 있습니다.

이 노래에 나오는 '부평초'는 물 위에 떠 있는 풀이라는 뜻으로 정처 없이 떠돌아다니는 신세를 말하고, '북풍한설'은 북쪽에서 불어오는 바람과 차가운 눈이라는 뜻으로 힘든 전투 상황을 말하고, '풍찬노숙'은 바람을 먹고 이슬을 맞으며 잠잔다는 뜻으로 객지에서 많은 고생을 겪는 것을 말합니다.

1절에서는 고향 땅을 떠난 지 오래되고 그리움은 새록새록 하지만 그리움을 떨어내고 사나이 가는 길에 미련이 없다고 단호하게 말합니다. 2절에서는 독립군은 흰 말을 타고 광야를 달리면서 싸움터에서 웃을 수 있는 호탕한 기개가 있다고 말합니다. 북풍이 몰아치고 찬 눈보라를 헤쳐 가면서도 그 길을 후회하지 않는다고 합니다. 여기에서 독립군의 씩씩한 기상을 엿볼 수 있습니다.

이 노랫말에서 독립군은 일본군을 만나더라도 전혀 두려움을 느끼지 않을 정도로 호탕한 기상을 지니고 있다는 것을 알 수 있습니다. 독립군이 그 넓은 만주 벌판에서 일본군과 싸우면서 이길 수 있었던 것은 뛰어난 무기가 아니라 일본군보다 뛰어난 정신력 때문이라는 사실을 알 수 있습니다. 우리는 이런 독립군의 정신을 이어받아야 할 것입니다. 나라와 겨레가 어려울 때 그 어려움을 이겨낼 수 있는 독립군의 기상을 잊지 말아야 할 것입니다.

　만주와 북간도 지역에서 항일 무장 투쟁을 펼친 독립군의 활동 무대는 동북 지역과 몽고 땅까지를 포함하는 광활한 평원이었습니다. 그 넓은 평원은 가도 가도 끝이 없이 보이지 않을 정도로 아득합니다. 북간도 만주나 몽고 땅 흥안령 지역을 가 보면 끝없이 펼쳐진 초원을 만날 수 있습니다. 만주에서 항일 무장 투쟁을 한 독립군들은 이 넓고 넓은 초원을 무대로 일본군과 싸웠습니다.

　그곳에 가 보면 독립군들이 말을 타고 달리는 기상을 느낄 수 있을 것입니다. 독립군들은 북간도와 몽고 땅을 달렸습니다. 그 넓은 곳에서 일본군과 싸웠기 때문에 그들의 기상은 높고도 넓었습니다. 흑룡강 찬 바람을 헤치고 북풍이 몰아치는 만주의 곳곳을 누비면서 일본군과 맞서 싸웠습니다. 독립군들은 세찬 비바람이 몰아치는 곳에서 노숙을 하면서 추위와 싸우기도 했습니다. 그러면서 독립군들은 강한 의지를 키웠습니다. 독립군들은 일본군과 싸우는 일도 했지만 북간도와 몽고의 넓은 초원과도 싸웠습니다. 그 초원을 누비면서 대한 남아의 기상을 떨쳤습니다.

이청천과 광복군

이청천(1888~1957)은 서울에서 태어나 대한제국 시절 일본 사관 학교에 입학합니다. 그는 일본 사관 학교 출신 군관이었습니다. 일본 사관 학교에 다닐 때 대한제국이 일본에 강제로 합병을 당했습니다. 나라가 망했지만 이청천은 공부를 중단하지 않고 사관 학교를 졸업한 다음에 일본군

군관으로 임명됩니다. 그러나 그는 조선인이 일본군을 위하여 싸울 수 없다고 생각하고, 일본군 병서와 군용 지도를 가지고 만주로 망명하여 신흥무관학교를 찾아갑니다.

그는 일본 사관 학교 출신으로 독립운동에 참가하여 항일 독립운동의 지도자가 됩니다. 당시에는 이청천처럼 일본 사관 학교를 나와서 항일 독립운동에 참가하는 군인이 많았습니다.

이청천은 청산리 전투 이후 대한독립군단의 여단장으로 독립군 부대를 이끌었습니다. 김좌진이 저격당하고 난 뒤 한국독립군 총사령관이 됩니다. 이때부터 이름을 지청천으로 사용합니다. 지청천은 1940년 9월 17일 중경 임시 정부에서 광복군을 만들자 총사령관이 되어 항일 무장 투쟁을 지휘합니다.

지청천 사령관이 이끄는 광복군은 대한민국 임시 정부에

이청천

서 만든 군사 조직입니다. 지금으로 보면 국군입니다. 대한민국 임시 정부는 대일 선전 포고를 하고, 중국과 합작하여 광복군을 전선으로 보내서 항일 독립 전쟁을 펼칩니다.

광복군은 처음에는 3개 지대로 조직하였습니다. 제1지대장에 이준식, 제2지대장에 공진원, 제3지대장에 김학규가 취임했습니다. 나중에 제5지대가 편성되어 나월환이 맡게 됩니다. 일본이 미국을 상대로 태평양 전쟁을 일으키자 그동안 대한민국 임시 정부와 떨어져 있던 김원봉이 이끄는 조선의용대가 대한민국 임시 정부 광복군으로 들어와서 통일된 조직으로 항일 독립 전쟁을 치르게 됩니다.

1944년 8월 광복군은 드디어 임시 정부 산하의 독립된 군사 조직으로 대일 전투에 참가하게 됩니다. 광복 직전 광복군은 한미 합동 작전으로 국내 진공 작전을 세우고 국내에 진격하려고 합니다. 그러나 아쉽게도 일본이 항복함으로써 국내 진공 작전은 실현하지 못하고 맙니다.

광복군은 항일 무장 독립 전투 중에 끝까지 항일 전투에 참가한 군사 조직이었습니다. 비록 국내는 일본의 식민지가 되고 말았지만 국외에서는 끊임없는 항일 무장 투쟁을 하였으며, 마침내 광복군을 조직하여 당당하게 대일 선전 포고를 하게 됩니다.

　광복군은 우리 민족이 얼마나 끈질기게 항일 운동을 펼쳤는지를 보여 주는 군사 조직입니다. 비록 나라를 잃었지만 중국 땅에 망명 정부까지 세워서 일본에 선전 포고를 하고 전쟁을 끝까지 했을 정도로 우리 민족의 자주 독립 의지는 꺾이지 않았습니다. 광복군은 우리 민족의 자존심을 끝까지 지켜냈고, 항일 투쟁의 의지를 잘 보여 주었습니다. 광복군은 항일 독립운동사에서 잊지 말아야 할 우리 민족의 자랑입니다.

기전사가

이범석 작사 | 이범석 작곡

1. 하늘은 미워한다 배달민족의 자유를 억탈하는
2. 백두산 의찬 바람 은불어 거칠고 압록강 얼음 위에
3. 물어보자 동포들아 내 죄뿐이냐 네 죄도 있을지니

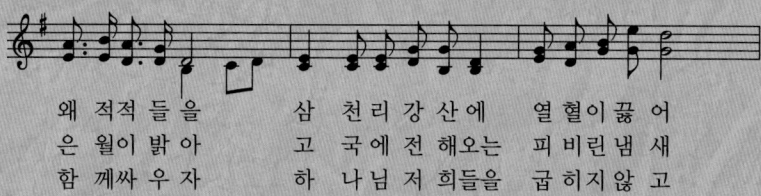

왜 적적들을 삼 천리강산에 열 혈이 끓어
은 월이 밝아 고 국에 전해오는 피비린냄새
함 께싸우자 하 나님 저희들을 굽히지 않고

분 연히일어나는 우리독립군
분 하고원통하다 우리동족들 맹 세코 싸우고
천 만대후 – 손의 자유를위해

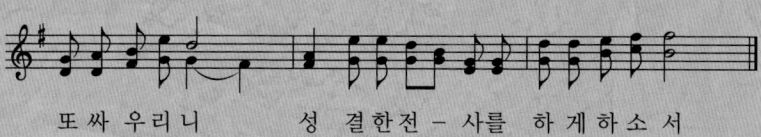

또 싸 우리니 성 결한전 – 사를 하게하소서

기전사가

하늘은 미워한다 배달민족의
자유를 억탈하는 왜적놈들을
삼천리 강산에 열혈이 끓어
분연히 일어나는 우리 독립군

(후렴) 맹세코 싸우고 또 싸우리니
　　　성결한 전사를 하게 하소서

백두산의 찬바람은 불어 거칠고
압록강 얼음 위에 은월이 밝아
고국에 전해오는 피비린 냄새
분하고 원통하다 우리 동족들

물어보자 동포들아 내 죄뿐이냐
네 죄도 있을지니 함께 나가자
하나님 저희들은 굽히지 않고
천만대 후손의 자유를 위해

겁 많고 창자 썩은 어리석은 놈
자유를 찾겠다는 표적만으로
죽기는 싫어해도 행복만 위해
우리가 죽거든 뒤나 이어라

하나님 저 이들을 이후에라도
몇 만대 자손들의 행복을 위해
맹세코 이 한 목숨 바치겠으니
성결한 전사를 하게 하소서

노래 이야기

〈기전사가〉는 전투에 참가하면서 죽음을 다짐하는 기도문입니다. 이 노래에 나오는 말들 중에서 '억탈하는'은 억지로 빼앗는다는 뜻이고, '성결한'은 거룩하고 깨끗하다는 뜻입니다. '표적'은 이루고 싶은 목표나 목적을 뜻합니다.

1절에서 하늘은 배달민족의 자유를 억압하고 빼앗는 일본을 미워한다고 합니다.

2절에서는 신령스러운 산 기운 받으면서 압록강의 은하수 달빛 아래에서 멀리서 전해 오는 피비린내 나는 전쟁 소식을 듣고 분하게 생각합니다.

3절은 동포들이 함께 항일 독립운동에 참가해서 굽히지 않고 싸울 것을 맹세합니다.

4절에선 겁이 많고 어리석은 사람들에게 독립 전쟁에 나오기를 권하고 있습니다.

5절은 우리 자손을 위해 목숨을 바칠 것이니 전쟁터에서 성스럽고 깨끗하게 죽을 수 있도록 해 달라고 말하고 있습니다.

〈기전사가〉는 1920년 10월 청산리 전투를 앞두고 결사 항쟁을 각오하며 동지들이 함께 불렀던 노래입니다. 청산리 전투에서 독립군이 일본군을 물리칠 수 있었던 것은 이러한 성스러운 다짐이 있었기 때문입니다. 이 노래는 슬프고도 장엄하게 불러야 합니다. 독립군들이 결사 항쟁을 앞두고 동지들과 손을 맞잡으면서 죽음을 각오하고 있습니다. 독립군은 어느 전쟁터에서나 죽음과 맞설 수밖에 없었습니다.

이 노래는 죽을 각오로 싸우자는 독립군들의 결의를 잘 보여 주고 있습니다. 그 노랫말은 참으로 웅장하고 엄숙합니다. 독립군들은 죽음을 앞두고 있으면서도 절대 굴복하지 않고, 성스럽고 깨끗하게 죽을 각오를 하고 있습니다. 이 노래에는 독립군들의 의연한 모습과 굳건한 기상이 잘 나타나 있습니다.

이범석과 독립군 노래

이 노래를 지은 이범석(1900~1972)은 서울에서 태어나 1915년 여운형과 함께 만주로 망명하여 항주 군관 학교를 나와서 신흥무관학교에서 독립군을 양성하였습니다. 1920년 북로군정서 연성대장으로 청산리 전투에 참가했습니다. 1940년 광복군이 창설되었을 때 참모장을 지냈고, 일제 말기에는 광복군 제2지대장으로 항일 전투에 참가했습니다.

이 노래와 같이 비장한 각오를 드러내는 독립군 노래가 많이 있습니다. 독립군들은 낯선 곳에서 죽음을 무릅쓴 전투를 하고 있지만 빼앗긴 나라를 되찾으려는 굳센 의지를 늘 가슴에 품고 있었습니다.

이범석

〈애국지사의 노래〉는 상해 임시 정부에서 일하던 애국지사들과 만주의 독립군들이 주로 불렀던 노래입니다.

가슴에 맺힌 한을 풀 길이 없어
산 설고 물 선 땅에 수십 년 세월
목숨이 시들어서 진토가 된들
배달민족 품은 뜻을 버릴까보냐

의분과 인내 속에 강은 더 흘러
내일의 기쁜 날을 맞이하려는
자유와 독립의 힘찬 종소리
무궁화 삼천리에 울려퍼지리

독립군들은 나라를 잃고 처량한 신세로 이국땅을 떠돌아야만 했지만 그들의 처지를 한탄하지 않고 언젠가는 자유와 독립의 날이 올 것이라고 생각하고 있었습니다. 이 때문에 독립군들은 죽음을 두려워하지 않고 싸울 수 있었던 것입니다.

독립군가

작사 미상 | 헨리 C 워크 작곡

1. 신 대한국독립군의 백만용사야   조-국의부르심을 네가아느냐
2. 너 살거든독립군의 용사가되고   나죽으면독립군의 충혼이되니
3. 대 포소리앞뒷산을 들들울릴때   원수진을쳐서파할 담력을내어

후렴

삼 천리 이천만의 우리 동 포들   건 질 이너와나 로 다   나
청 년아너와나의 소원 아 니냐   싸 우 러나-아   가   세
정 의의날랜칼이 비끼 는 곳에   이 길 이너와나 로 다

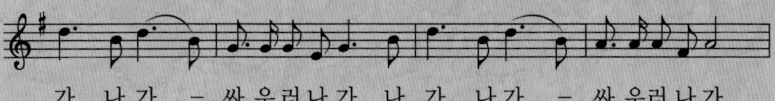

가   나가 - 싸우러나가 나 가 나가 - 싸우러나가

독립문의자유종이 울릴 때 까지   싸 우 러 나 가 자

독립군가

신대한국 독립군의 백만용사야
조국의 부르심을 네가 아느냐
삼천리 삼천만의 우리 동포를
건질 이 너와 나로다

(후렴) 나가 나가 싸우려 나가
　　　나가 나가 싸우려 나가
　　　독립문의 자유종이 울릴 때까지
　　　싸우려 나아가세

원수들이 강하다고 겁을 낼 건가
우리들이 약하다고 낙심할 건가
정의의 날센 칼이 비끼는 곳에
이길 이 너와 나로다

너 살거든 독립군의 용사가 되고
나 죽으면 독립군의 혼령이 됨이
동지야 너와 나의 소원 아니냐
빛낼 이 이 너와 나로다

압록강과 두만강을 뛰어 건너라
악독한 원수무리 쓸어 몰아라
잃었던 조국강산 회복하는 날
만세를 불러보세

노래 이야기

　이 노래는 독립군 군가 중에서 가장 널리 불린 군가입니다. 〈독립군가〉는 만주 지역 곳곳에서 독립군 부대들이 활동하면서 군사들의 사기를 올리기 위한 목적으로 불렀습니다. 독립군들은 의병보다 더 근대식 군대 조직을 갖춘 부대이기 때문에 군사들 사기를 올리기에 좋은 군가를 만들어 보급하는 일도 열심히 했습니다.

　이 군가에는 독립을 향한 뜨거운 열정이 고스란히 담겨 있습니다. 이 노래는 새로운 대한민국의 독립군 용사로서 정의와 용기를 앞세워서 힘차게 나아가서 싸우자고 말하고 있습니다. 이 땅에서 원수들을 몰아낼 때까지 끝까지 싸울 것을 다짐하고 있습니다.

의열단과 김원봉

〈독립군가〉에 담긴 강렬한 독립 정신을 가장 잘 나타낸 무장 독립 단체 중 하나로 의열단을 꼽을 수 있습니다. 의열단은 1919년 11월 만주에서 조직된 독립운동 단체입니다. 의열단은 폭력으로 쳐들어오는 일본에 폭력으로 맞서기 위해 만든 무장 독립운동 단체입니다. 독립운동을 하던 애국지사들은 3·1운동을 겪으면서 강력한 일본에게 맞설 수 있는 길은 좀 더 강한 독립 단체가 필요하다고 생각하게 됩니다.

의열단 강령은 '정의로운 일을 맹렬히 실행한다'는 것입니다. 주요 활동은 조선을 침략한 일본 군대와 총독부 관리들, 친일 매국노들을 직접 재판하고 처단하는 것이었습니다. 의열단은 폭탄을 만들어서 일본의 주요 기지를 폭파하고, 일본에게 직접 타격을 줌으로써 일본이 한국 통치를 포기하게 하는 것이었습니다.

의열단은 암살과 파괴라는 과격한 방법을 선택해서 독립

운동을 펼쳤습니다. 의열단 단원들은 일을 성사시킨 후에는 자결의 길을 선택하기도 했습니다. 일본 경찰에 붙잡혀서 고문과 모욕을 당하기보다 목적을 달성하고 깨끗이 자결하는 방법을 선택하였던 것입니다. 의열단 단원들은 이렇게 자기 목숨을 내놓고 싸우는 방법으로 독립운동에 참가합니다.

의열단 창단 당시의 단원은 13명 정도밖에 되지 않았지만 이들이 독립운동에서 한 역할은 많았습니다. 국내외 곳곳에서 의열단 활동에 자극을 받아서 단원으로 참가하고 중국과 임시 정부에서는 의열단 활동을 지원하기도 했습니다. 나중에 의열단 단원은 중국인을 포함하여 그 인원이 70여 명이 넘기도 했습니다.

의열단은 밀양, 부산, 서울, 일본의 동경, 중국의 상해에 이르기까지 일본인이 있는 곳이라면 어디든지 찾아갔습니다. 비록 기사에 실패해서 아까운 목숨을 잃은 적도 있지만 부산경찰서에 폭탄을 던진 박재혁과 동양척식주식회사에 폭탄을 던진 나석주 같은 의열단 단원은 독립운동사에서 기억될 만한 일을 했습니다.

　의열단 단원 김상옥은 종로경찰서에 폭탄을 투척하고 삼판통과 효제동에서 일본 경찰과 총격전을 벌여서 일본 경찰 간부를 죽이고 일본 순사에게 중상을 입힌 후 자결하기도 했습니다. 그 동상이 대학로 마로니에 공원에 있습니다.

　김지섭은 일본 천황이 사는 궁성을 파괴하기 위해 폭탄을 투척하기도 했습니다. 의열단 단원은 원수들이 아무리 강하더라도 굽히지 않고 새로운 대한민국의 용사로서 당당하게 일본과 맞섰습니다. 이들은 혼령이 되어서라도 자주 독립을 이루려고 했습니다.

　김원봉(1898~1958)은 의열단을 이끌었던 독립운동가입니다. 그는 경상남도 밀양에서 태어났습니다. 어릴 때 서당에서 한문을 배우다가 보통학교에 편입했고, 서울에서 공부할 때 중국어를 열심히 배워서 남경의 진링대학에 입학하여 망명 생활을 합니다.

김원봉

  1919년 윤세주, 이성우, 곽경, 강세우 등과 의열단을 조직하고 단장이 됩니다. 의열단을 조직한 김원봉은 약 6년간 국내외의 경찰서 파괴, 요인 암살 등을 지휘합니다.

  1938년 그는 중국 국민당 정부의 동의를 얻어서 조선의용대라는 독립군 부대를 창설합니다. 조선의용대는 대한민국 임시 정부에서 창설하는 광복군보다 먼저 조직한 독립군 부대입니다. 나중에 조선의용대는 대한민국 임시 정부에서 조직한 광복군으로 들어옵니다.

  김원봉은 광복군 제1지대장과 부사령관을 지내고 해방

을 맞이합니다. 해방 후 김원봉은 월북하여 북한의 고위직에 오르지만 나중에 숙청당하고 맙니다.

김원봉은 이념을 떠나서 민족의 자주 독립을 위해 노력한 독립군이었습니다. 그가 없었다면 일본의 간담을 서늘하게 했던 의열단도 없었을 것이고, 중국과 연합 부대를 만들어서 일본군에 선전 포고를 한 조선의용대도 없었을 것입니다. 그는 '신대한국의 백만 용사'의 기상을 실천하려고 했던 항일 무장 독립운동가입니다.

압록강 행진곡

박영만 작사 | 한유한 작곡

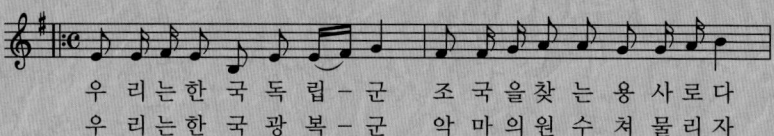
우리는 한국 독립 - 군 조국을 찾는 용사로다
우리는 한국 광복 - 군 악마의 원수 쳐 물리자

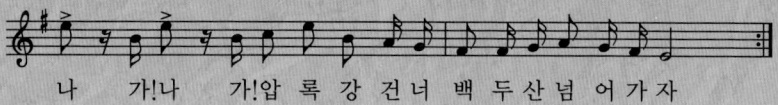
나 가! 나 가! 압록강 건너 백두산 넘어가자

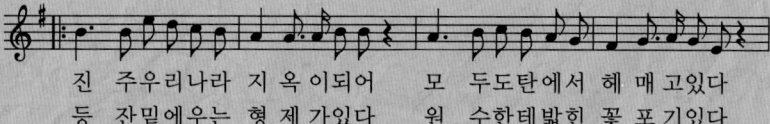
진주 우리나라 지옥이 되어 모두 도탄에서 헤매고 있다
등잔 밑에 우는 형제가 있다 원수한테 밟힌 꽃 포기 있다

동포는 기다린다 - 어서 가자 고국에 어서 가자 고국에

우리는 한국 혁명 - 군 조국을 찾는 용사로다

나 가! 나 가! 압록강 건너 백두산 넘어가자 -

압록강 행진곡

우리는 한국 독립군 조국을 찾는 용사로다
나가나가 압록강 건너 백두산 넘어가자
우리는 한국광복군 악마의 원수 쳐 물리자
진주 우리나라 지옥이 되어
모두 도탄에서 헤매고 있다
동포는 기다린다 어서 가자 고향에
등잔 밑에 우는 형제가 있다
원수한테 밟힌 꽃포기 있다
동포는 기다린다
어서 가자 조국에
우리는 한국광복군
조국을 찾는 용사로다
나가나가 압록강 건너 백두산 넘어가자

〈노래 이야기〉

　압록강 행진곡은 광복군 제2지대 예술조장이었던 한유한이 만들어서 보급한 군가입니다. 독립기념관에서 보급하고 있는 독립군가 중에서 사람들에게 가장 많이 알려진 노래입니다. 이 노래는 경쾌한 리듬에 맞춰서 행진곡풍으로 부를 수 있고, 노랫말도 아름답고 밝고 힘차서 군가로서 모범을 보입니다. 한국광복군으로서 압록강을 건너 백두산을 넘어서 도탄에 빠진 우리나라를 구하겠다는 힘찬 기백도 잘 나타나 있습니다. 한국광복군은 정진대라는 군사조직을 만들어서 압록강을 건너 한반도로 진격할 계획을 세웁니다.

　이 노래는 한국광복군의 국내 진공 계획을 알리는 노래로서 한반도로 진격하려는 독립군의 힘찬 발걸음을 잘 나타내고 있습니다. 이 노래는 작사가뿐만 아니라 작곡가까지 한국광복군으로 활동한 사람이 만든 것이기 때문에 독립군들 사이에 널리 불리게 되었습니다.

이 노래를 작곡한 사람은 한유한(1910~1996)입니다. 한유한은 광복군 제2지대 예술조장으로 전시 항일 가요를 여러 편 작곡한 독립군입니다.

항일 무장 독립군 부대는 그 세력을 합치면서 1940년 한국광복군이 조직되었고, 한국광복군은 1941년에는 제5지대까지 편성되었습니다. 1942년에는 조선의용대까지 제1지대로 편입되면서 한국광복군으로 재편성됩니다. 조선의용대 대장 김원봉이 제1지대장이 되고, 1,2,5지대를 통합해서 시안에 근거지를 둔 제2지대로 개편했습니다. 제2지대장은 이범석이 맡았습니다. 한국광복군 제2지대는 예술조를 조직해서 군가를 만들어 보급했습니다.

한유한은 부산 출신으로 중국 베이징으로 이주해서 육영소학교와 육영중학교, 로하고급중학교를 졸업하고, 상하이 신화예술대학 예술교육과를 졸업하였습니다. 항일가곡집 〈승리만세〉를 출간하고, 공연 활동과 항일 전투에 참가했습니다. 1939년 한국청년전지공작대 음악 교관이었다가 예술조장으로 활동했습니다. 1940년 작곡집을 내고 시안에서 항일 오페라 '아리랑'을 공연하였습니다.

한국광복군 제2지대 예술조장으로 있으면서 이범석과 함께 〈국기가〉와 같은 항일 가요도 작곡했습니다. 지금 남아 있는 독립군가 중에서 많은 작품이 한유한이 작곡한 노래입니다. 〈압록강 행진곡〉은 한국광복군의 힘찬 발걸음이 느껴질 정도로 경쾌한 곡입니다. 이 노래는 그동안 억눌렸던 독립 전쟁을 마무리하고 압록강을 건너 백두산으로 향하려는 한국광복군의 결의를 담아내고 있습니다.

〈압록강 행진곡〉 노랫말은 박영만(1914~1981)이 지었습니다. 박영만은 평안남도 안주 출신 독립운동가입니다. 진남포공립상공학교에 재학하고 있을 당시에 광주학생운동에 가담했다가 학교에서 퇴학을 당합니다. 그는 일찍부터 글을 쓰는 일을 좋아해서 〈조선 전래 동화집〉을 저술하고, 가

한유한

곡 선구자를 작곡하기도 했습니다. 그는 예술 활동을 통해서 민족의 자주 의식을 고취시키려고 했습니다. 또한 친일 문인으로 민족을 배반한 이광수와 최재서를 비판하는 유인물을 문인들에게 배포하다가 발각되기도 했습니다. 이 때문에 그는 중국으로 망명하여 광복군에 입대합니다.

1943년 2월 광복군 제2지대에 입대하여 광복군가 〈압록강 행진곡〉을 작사합니다. 광복군 제2지대에서 활동하다가 김구의 요청으로 중경에 있던 대한민국 임시 정부로 가서 선전위원으로 활동하게 됩니다. 한국과 미국의 연합 부대를 조직하자 미군 전략 공보처 한국인 공작반에 파견되어 일본군 정보를 모집하는 일도 합니다. 그는 한미 합작 훈련을 해서 독립군이 국내에 진격할 수 있도록 계획을 세웁니다. 1944년에는 광복군 총사령관 정훈처에서 활약합니다.

한인 소년병 학교 군가

작사 미상 | 작곡 미상

아쉽게도 이 노래는 가사만 알 수 있고 악보는 찾을 수 없습니다. 현재 국내외 자료에서도 악보를 찾을 수 없습니다. 비록 악보는 없지만 한인 소년병 학교는 해외 독립운동사에서 뺄 수 없는 중요한 곡이라서 노래 가사만 소개합니다.

한인 소년병 학교 군가

이 몸 조선국민이여
오늘 비로소 군대에 바쳐
군장 입고 담총하니
사나이 놀음 처음일세

(후렴) 종군악 종군악
      청년군가 높이하라
      사천년 영광 회복하고
      이천만 동포 안녕토록
      종군악 종군악
      이 군가로 우리 평생

군인은 원래 나라의 번병
존망과 안위를 담당한 자
장수가 되나 군사가 되나
나의 직분 나 다할 것

나팔소리 들릴 때마다
곤한 잠을 쉬이 깨어
예령 동령 부를 때마다
정신 차려 활동하라

우리 조련 이같이 함은
황천이 응당 아시리라
독립기 들고 북치는 소리
대장부 사업 이뿐일세

노래 이야기

이 노래는 미국에서 만들었던 한인 소년병 학교에서 부르는 노래입니다. 소년병 학교는 독립군 간부를 길러서 만주와 연해주에 파견하여 무장 항일 운동을 펼치기 위한 목적으로 만든 학교였습니다. 우리 민족의 독립운동은 만주 지역뿐만 아니라 세계 곳곳에서 이루어졌다는 것을 알 수 있습니다.

1절에 '군장 입고 담총하니'라는 부분이 나옵니다. '담총'은 총을 메었다는 뜻입니다. 미국에서 외국인은 총기를 가질 수 없습니다. 그런데 소년병 학교는 나무로 만든 총이 아니라 실제 총을 가지고 훈련했습니다. 이것은 그만큼 소년병 학교가 미국에서 인정을 받았던 학교였다는 것을 말합니다.

후렴의 '종군악'은 군악대의 음악을 따르라는 말입니다. 군악대의 소리에 맞추어서 군가를 높이 부를 것을 당부합니다.

2절에서 '군인은 원래 나라의 번병'이라고 말합니다. '번병'은 '왕실이나 나라를 지키는 먼 밖의 감영이나 병영'을 말합니다. 소년병 학교는 나라를 지키는 감영의 역할을 하겠다고 합니다. '존망'은 존속과 멸망을 아울러 이르는 말입니다. '안위'는 편안함과 위태함을 아울러 이르는 말입니다. 군인은 나라의 존속과 멸망, 편안함과 위태함을 맡고 있다고 합니다.

3절에 나오는 '예령'은 동작을 알려 미리 동작을 준비하도록 하는 구령을 말하고, '동령'은 실제 동작을 하도록 지시하는 구령을 말합니다. 항상 행동할 준비를 해서 예령과 동령에 맞추어서 절도 있는 행동을 할 것을 요구하고 있습니다.

4절은 열심히 훈련하는 것은 소년병의 임무라고 강조하고 있습니다.

박용만과 한인 소년병 학교

 소년병 학교는 미국에 설립한 한국 사관 학교라 할 수 있습니다. 소년병 학교는 새로운 지식뿐만 아니라 세계의 정세를 바라보는 눈을 기르고 나라를 구할 수 있는 학생을 길러내는 곳이었습니다. 그래서 군사학만 가르친 것이 아니라 한국어, 한문, 일본어, 수학, 과학, 지리, 역사까지 가르쳤습니다.

 소년병 학교는 일본이 우리나라를 점령하려고 시도할 때에 우리의 청년들이 열심히 공부해서 항일 운동에 참여할 수 있도록 준비했던 민족 사관 학교였습니다. 소년병 학교의 교사와 학생들은 만주와 연해주, 북경으로 가서 항일 운동을 전개합니다. 소년병 학교는 우리 독립운동사에서 해외에서 가장 먼저 만든 무관 학교였습니다.

 해외의 독립운동 기지는 만주 중국뿐만 아니라 미국에서도 만들어졌습니다. 1909년 6월 초 박용만은 미국의 네브래스카에 있는 헤이스팅스 대학 안에 한인 소년병 학교를 설립하였습니다. 처음에는 13명의 학생이 등록하여 오전에는 농장에서 일하고, 오후에는 군사 훈련을 받았습니다. 3학기를 등록하고 이수해야 졸업을 하는 군사 고등 학교였습니다.

소년병 학교는 서구의 최신 군사 교육과 수련을 통해 우수한 인재를 양성하고 한민족의 정신을 수련하여 독립군을 길러냈습니다. 한인 소년병 학교는 1914년 일본의 방해 공작으로 폐교되었습니다. 그 후 박용만은 하와이로 건너가 대한인국민회 하와이 지방총회의 기관지인 《신한국보》의 주필로 언론 활동을 했습니다. 1914년에는 농장을 임대하여 동포의 청년들이 공동으로 경작하게 하였습니다. 항일 무장 독립운동 단체인 대조선 국민군단을 조직해서 군사 훈련을 실시하여 130여 명을 간부로 길러냈습니다.

박용만은 안창호, 이승만과 함께 일제 강점기 때 미국 한인 사회를 이끌던 3대 지도자 중의 한 사람이었습니다. 그는 1905년 미국으로 이주한 후 1909년 해외 최초의 한인 군사 학교인 한인 소년병 학교를 설립한 것을 시작으로 미주 지역 항일 무장 투쟁의 선구자가 되었습니다. 그는 교육을 통한 준비를 해서 일본과 싸우는 것이 아니라, 처음부터 무장 항일 투쟁을 해야 한다고 생각했습니다.

박용만(1881~1928)은 강원도 철원에서 태어났습니다. 그는 어려서부터 숙부 박희병과 함께 살면서 문명개화에 눈뜨게 됩니다. 그는 숙부를 따라 서울에 와서 한성일어학교를 다녔고, 1895년 관립 유학생으로 선발되어 중학교를 졸업합니다. 일본 유학 시절 박영효를 만나서 활빈당과 관련을 맺었고 이 일로 옥고를 치릅니다. 상동교회의 청년회에서 일본의 황무지 개척권 반대 운동을 하다가 옥고를 치릅니다. 이때 감옥에서 이승만, 정순만을

박용만

만납니다.

1904년 그는 해외 망명의 길을 택합니다. 1905년 미국에 도착해서 그는 군사 학교를 설립하려고 합니다. 1909년 6월, 네브래스카주 커니에서 해외 최초의 한인 군사 학교인 한인 소년병 학교를 창립하고 군사 훈련을 실시했습니다. 1914년 한인 소년병 학교가 폐교되자 하와이로 가서 대조선 국민군단과 대조선 국민군단 사관 학교를 창설하였습니다.

1919년 대한민국 임시 정부는 그를 외무총장으로 임명했으나 거절하고 중국 군벌과 하와이로부터 군자금을 모집하여 독립군 기지를 건설하려고 하였습니다. 1926년 그는 하와이에서 모금한 돈으로 베이징 부근의 땅을 매입하여 대륙농간공사를 설립하여 독립군 기지를 만들려고 하였지만 성공하지 못하고, 1928년 이해명에게 암살당합니다.

그의 죽음은 아직 풀리지 않은 일로 남아 있습니다. 항일 무장 투쟁만이 나라를 구하는 길이라고 생각했던 그는 평생 나라의 독립을 위해 몸을 바친 독립운동가였습니다.

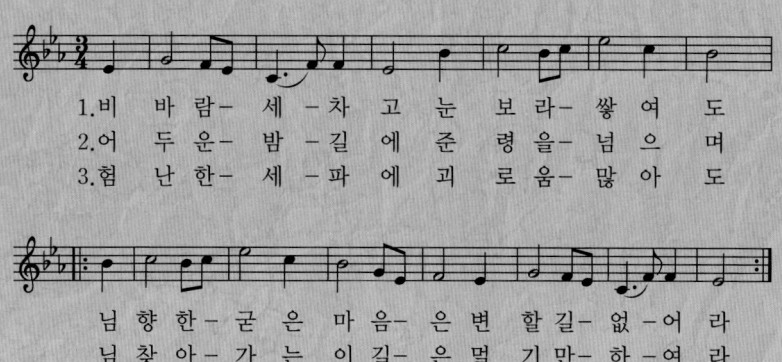

님 찾아가는 길

비바람 세차고 눈보라 쌓여도
님 향한 굳은 마음 변할 길 없어라

어두운 밤길에 준령을 넘으며
님 찾아가는 이 길은 멀기만 하여라

험난한 세파에 괴로움 많아도
님 맞을 그날 위하여 끝까지 가리라

노래 이야기

　이 노래는 항일 무장 투쟁을 하던 여자 독립군 오광심이 남편 김학규 장군과 함께 남경에 있던 대한민국 임시 정부를 찾아가면서 불렀던 노래입니다.
　대한민국 임시 정부는 만주에서 항일 무장 투쟁을 하는 조선혁명군과 한국독립군을 중국 안으로 이동할 것을 요청합니다. 그러나 조선혁명군은 만주 지역에서 독립 전쟁을 하겠다고 했습니다. 그래서 임시 정부에 인력과 물자를 지원받기 위해 대표로 김학규를 파견합니다. 오광심은 남편을 따라 임시 정부를 찾아갑니다. 〈님 찾아가는 길〉은 만주에서 중국 남경으로 대한민국 임시 정부를 찾아가는 멀고 험한 길에서 지었던 노랫말입니다.
　여기서 말하는 '님'은 조국을 의미합니다. 짧은 노랫말 속에 깊은 의미가 들어 있습니다. 이 노래는 각 절의 끝부분에 '~라'라는 말을 넣어서 자신의 의지를 분명하게 드러내고 있습니다.

1절은 비바람과 눈보라, 어두운 밤길, 험난한 세파가 닥쳐오는 것을 말하고 있습니다. 2절에서는 그 어려움을 이겨내고 변하지 않게 님을 찾아갈 것이라고 합니다. 항일 독립 전쟁에 참가하는 사람은 대부분 남성이었습니다. 여성들이 힘들고 거친 독립운동을 해내기는 쉽지 않습니다. 그런데도 오광심은 여성 독립운동가이면서도 그 의지가 누구보다 강했습니다. 그 굳센 마음은 누구도 꺾을 수 없었습니다.

　이 노래의 님은 조국을 말하기도 하지만 사랑하는 남편인 김학규 장군을 말하기도 합니다. 오광심은 이 노랫말을 지으면서 나라를 찾는 독립운동을 하면서 평생 남편을 사랑하면서 살겠다는 다짐을 합니다. 이 노래는 전투 속에 싹튼 아름다운 사랑을 노래한 것입니다. 만주에서 남편을 따라 남경으로 가는 길이었고, 그 길은 험난하고 어려운 길이었지만 두 사람은 이렇게 노래를 만들어 함께 부르면서 꿋꿋하게 이겨 나갔습니다.

오광심과 여성 독립운동가

오광심(1910~1976)은 평안북도 선천군에서 출생했습니다. 어린 시절에 남만주로 이주해서 화흥중학을 졸업한 뒤 교사가 되었습니다. 초등학교인 배달학교, 동명중학부설 여자국민학교에서 교사를 합니다.

오광심은 중학교와 초등학교에서 아이들을 가르치다가 1931년 만주 사변이 일어나자 더 이상 기다릴 수만은 없어서 항일 무장 투쟁에 참가합니다. 조선혁명군에 가담한 그녀는 사령부의 군수처 일을 맡기도 하였지만 그녀가 맡은 가장 중요한 일은 독립군 부대들끼리 주고받는 작전 명령과 밀서를 전달하는 것이었습니다. 그녀는 지하 연락을 담당하면서 항일 무장 투쟁에 참가합니

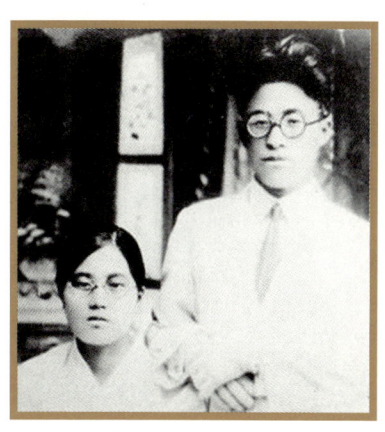

오광심, 김학규

다. 그녀는 기억력이 좋아서 종이를 들고 밀서를 전달하지 않고 밀서의 내용을 기억해 두었다가 말로써 전달했다고 합니다. 오광심은 한국 독립운동사에서 여성 독립군으로서 어떤 일을 할 수 있는지 잘 보여 주는 독립군입니다.

그 후 조선혁명군에 참가하여 지하 연락 책임을 맡아서 일하던 중 조선혁명군 참모장이었던 김학규를 만나 부부가 됩니다. 두 사람은 항일 독립운동을 하다가 만난 동지였습니다. 두 사람은 항일 무장 투쟁을 하는 도중에 만났기 때문에 더 깊은 사랑을 했던 것 같습니다.

그 후 그녀는 임시 정부 청년공작대에서 활동하였고, 한국광복군이 창설되자 총사령부 사무와 선전 사업을 맡아서 일합니다. 다시 중국의 시안으로 옮긴 한국광복군은 광복군 기관지 〈광복〉을 발간하여 선전 활동을 합니다. 오광심은 원고 작업과 편집을 맡아서 동포들에게 항일 의식을 심어 주는 글을 실었습니다. 그녀는 일본 학도병으로 참가하여 탈출한 조선인을 모집하는 일도 했습니다.

한국 독립운동사에서 여성들의 독립운동은 어느 나라에 비교할 수 없을 정도로 빛납니다. 의병들이 활동하던 시대에는 윤희순(1860~1935)이 있습니다. 윤희순은 윤익상의 딸로 서울에서 태어났습니다. 열여섯 살 때 유제원에게 출가하여 의병장 유홍석의 며느리가 됩니다. 1895년 을미의병 때 시아버지인 유홍석은 유중악, 유중락을 비롯한 춘천 지역 유림과 더불어 이소응을 의병대장으로 추대하고, 춘천과 가평 일대에서 의병 운동을 전개합니다. 이때 윤희순은 〈의병가사집〉을 지어 보급해서 의병들 사기를 높이면서 직접, 간접으로 춘천 의병 활동을 후원하였습니다.

윤희순이 지은 〈의병가사집〉은 일본군 대장에게 경고하는 경고장 형식의 글입니다. 앞부분은 의병을 일으켜 나라를 구하자고 충고하고 있으며, 뒷부분은 왜놈대장에게 엄중하게 경고하면서 일본의 침략 정책을 꾸짖고 있습니다. 아직 근대 의식이 싹트지 않았던 구한말에 의병 운동에 참여하는 여성은 그리 흔하지 않았습니다. 더군다나 의병 지도자를 유학자들이 맡았기 때문에 의병 운동에 참여하는 여성은 더욱 많지 않았습니다. 그런 가운데서도 윤희순은 의병 가사를 지어서 여성의 현실 참여를 독려하고 있습니다.

윤희순은 시아버지, 남편, 아들로 이어지면서 삼대에 걸쳐서 독립운동을 합니다. 그의 가족뿐만 아니라, 자신까지도 항일 운동을 하다가 순국합니다. 세계 독립운동 역사에서도 찾아보기 힘든 일입니다.

그 외에도 여성 독립운동가로 남자현(1872~1933)이 있습니다. 열아홉 살 때 경북 영양의 김영주에게 시집을 갔지만, 남편은 의병에 참가하여 전사하고 맙니다. 그녀는 남편의 복수를 하기 위해 항일 운동에 가담합니다. 만주에 가서 서로군정서에 들어가 독립군 활동을 하다가 일본 총독을 암살할 계획을 세웁니다. 그녀는 항일 운동을 하다가 병들고 상처받아 고생하는 청년들에게 어머니 같은 손길로 간호를 했습니다.

우리가 나라를 되찾고 행복한 나라에서 살 수 있었던 것은 독립운동을 하는 데 남녀가 모두 함께했기 때문이었습니다. 여성 독립운동가는 한국 독립운동사에서 뺄 수 없는 중요한 몫을 차지합니다.

형제별

방정환 작사 | 정순철 작곡

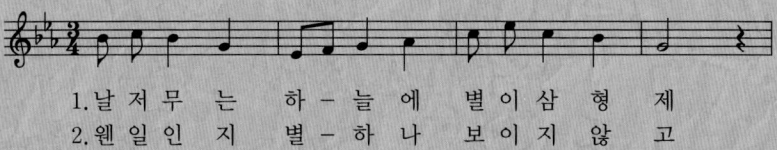

1. 날 저무 는 하 - 늘 에 별이 삼 형 제
2. 웬일인 지 별 - 하 나 보이 지 않 고

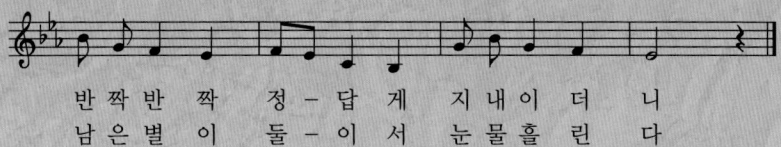

반짝 반 짝 정 - 답 게 지내 이 더 니
남은 별 이 둘 - 이 서 눈물 흘 린 다

형제별

날 저무는 하늘에 별이 삼형제
반짝반짝 정답게 지내이더니

웬일인지 별 하나 보이지 않고
남은 별이 둘이서 눈물 흘린다

노래 이야기

 이 노래는 아름다운 동심의 세계를 잘 표현하고 있습니다. 방정환은 어린이날을 만들고 어린이들을 위한 삶을 살았습니다. 그는 어린이들에게는 큰 별입니다. 이 노래는 형제별이 사라진 것을 안타까워하면서 그 별을 위해 눈물을 흘리고 있다는 내용입니다.
 삼형제는 당시 우리 민족을 상징합니다. 삼형제가 정답게 지내더니 웬일인지 별 하나 보이지 않는다는 건 우리 민족의 3분의 1정도로 많은 사람들이 일제 침략에 맞서 싸우기 위해 집을 떠났거나 일제 착취와 폭정으로 조국을 떠나 다른 나라를 떠돌고 있음을 상징합니다. 우리 땅에 남아 있는 3분의 2는 형제별처럼 눈물 흘리며 살고 있다는 것을 상징하기도 합니다.
 우리 민족은 일제 침략기에 일제의 착취와 탄압으로 하나둘 고향을 떠나 만주로, 연해주로, 일본으로, 미국으로 떠나갑니다. 고향을 떠나는 사람들이 늘어나자 그들의 슬품을 노래로 위로했습니다.

　방정환은 아이들에게 웃음을 주면서 어린이들에게 어린이다운 감성을 심어 주고자 노력했습니다. 그런데도 그의 노력은 웃음보다는 슬픔으로 나타났습니다.

　〈형제별〉에서 "웬일인지 별 하나 보이지 않고/ 남은 별이 둘이서 눈물 흘린다."라고 합니다. 마치 숨바꼭질을 연상시키는 재미있는 동요인데도 마지막 부분에는 헤어지는 장면을 떠올리게 됩니다.

　독립군들은 이 노래를 부르면서 고향에 두고 온 가족과 형제들을 생각했습니다. 국내에서는 동요로 불렀던 것을 독립군들은 고향과 식구들을 생각하는 마음으로 이 노래를 불렀습니다.

〈방정환과 어린이 운동〉

 방정환(1899~1931)은 서울에서 태어났습니다. 1913년 미동보통학교를 졸업하였습니다. 그해 선린상업학교에 입학하였으나 가정 사정으로 중퇴하였습니다. 1917년 손병희의 딸 손용화와 결혼하였습니다. 그해에 청년 운동 단체인 청년구락부를 조직하여 활동하였습니다. 1918년 보성전문학교에 입학했고, 3·1운동이 일어나자 독립선언문을 배포하다가 일본 경찰에 체포되어 고문을 받고 1주일 만에 석방되었습니다.

방정환

 1920년 일본 동경에 가서 천도교 지부를 조직하면서 도요대학에서 아동예술과 아동심리학을 연구하였습니다. 1921년 '천도교소년회'를 조직하여 소년 운동을 전개하였습니다. 1922년 5월 1일

처음으로 천도교에서 '어린이의 날' 행사를 하고, 조선소년운동협회를 만들어서 1923년 5월 1일 '제1회 어린이날'을 선포했습니다. 1923년 색동회를 조직하고, 천도교에서 운영하는 개벽사를 통해서 우리나라 최초로 순수 어린이 잡지인 《어린이》를 창간하였습니다.

방정환이 번역하거나 개작하거나 창작한 동요와 동화들은 민족주의 정신과 풍자와 해학, 어린이 해방을 위한 생각을 많이 담아내고 있습니다. 방정환은 어린이 해방과 민족주의를 바탕으로 어린이 문화와 어린이 해방 운동을 한 사회 운동가였습니다. 방정환은 또 구연동화가로도 유명합니다. 방정환의 구연동화를 듣다가 너무 재미있어서 오줌을 싼 사람까지 있었다고 할 정도입니다.

방정환 어린이 운동을 따르던 소년회가 전국에 500여 개가 넘었고, 소년회 회원들은 스스로 모여서 공부도 하고, 놀이와 노래도 하고, 토론도 하고, 동화 구연도 하고, 잡지 《어린이》를 함께 읽고, 동요와 동화를 써서 《어린이》에 투고하고, 자체 문집을 만들기도 하였습니다. 방정환이 펼친 이러한 소년회 활동과 《어린이》지를 통하여 한정동, 윤석중, 서덕출, 이원수, 최순애를 비롯한 많은 아동 문학가들이 발굴되었습니다.

　방정환을 어린이의 아버지라고 부르는 까닭은 그가 어린이 운동에 온 힘을 다 바쳤기 때문입니다. 그는 어린이들이 한 사람으로 인정받고, 자유롭고 평등하게 자기 삶을 마음껏 살 수 있는 행복한 나라를 꿈꾸었습니다.

따오기

한정동 작사 | 윤극영 작곡

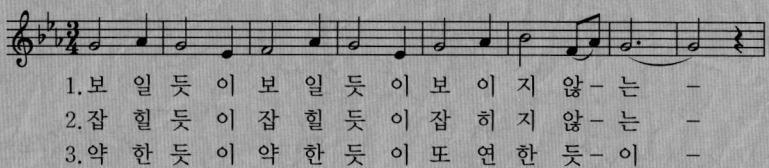
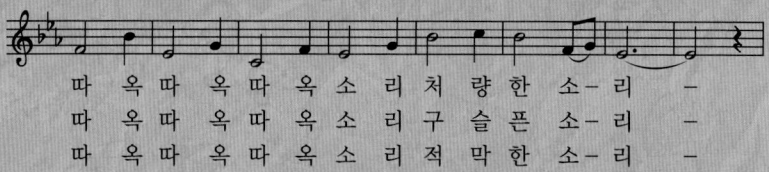
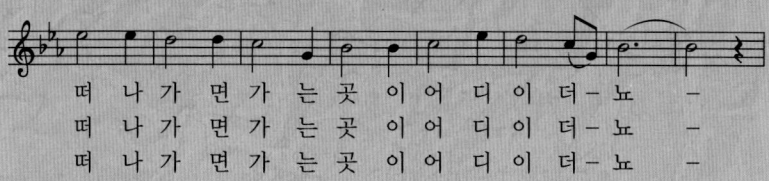
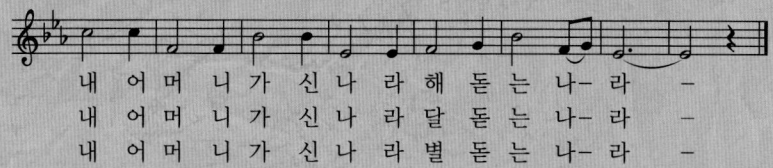

따오기

보일 듯이 보일 듯이 보이지 않는
따옥따옥 따옥 소리 처량한 소리
떠나가면 가는 곳이 어디메이뇨
내 어머니 가신 나라 해돋는 나라

잡힐 듯이 잡힐 듯이 잡히지 않는
따옥따옥 따옥 소리 처량한 소리
떠나가면 가는 곳이 어디메이뇨
내 아버지 가신 나라 달돋는 나라

노래 이야기

한정동의 〈따오기〉도 만주 지역의 독립군들이 많이 불렀던 노래입니다. 한정동은 방정환과 함께 《어린이》지에 참가했으며, 여기에 많은 동시를 발표합니다. 《어린이》지에 실린 한정동의 동시는 〈두루미〉 외에 스물여섯 편이나 있습니다. 〈따오기〉는 그중에서도 그의 대표작이라 할 수 있습니다.

이 노래는 우리 민족의 가슴속에 남아 있는 그리움을 표현하고 있습니다. 1절의 어머니와 2절의 아버지는 우리나라를 의미합니다. 따오기 소리는 어머니가 계신 해 돋는 나라를 향해 부르는 애절한 그리움입니다. 그곳은 또한 아버지가 계신 달 돋는 나라이기도 합니다. 그 나라는 멀리 있는 것이 아니라 가까이에 보일 듯이 잡힐 듯이 있습니다. 지금 우리는 나라를 잃었지만, 해 뜨고 달뜨는 나라는 머지않아 올 것이라고 합니다.

이 노래는 조국 광복에 대한 희망의 메시지를 전하고 있습니다. 계절이 되면 떠나야 하는 따오기처럼 떠나지만 그곳은 어머니 아버지가 계신 나라입니다. 이 노래는 떠돌아다니면서 살아야 하는 우리 민족의 슬픈 삶이 처량하게 나타나 있습니다. 그러면서도 그 깊은 곳에서는 희망의 나라가 올 것이라고 생각하고 있습니다. 이 노래에는 우리 민족의 정서가 잘 반영되어 있습니다.

이 노래는 1925년 동아일보 신춘문예에 당선된 작품입니다. 같은 해 《어린이》(1925. 5)지에는 〈두루미〉라는 제목으로 발표되었습니다. 같은 해 8월호에는 1절만 실려 있으면서 제목이 〈따오기〉로도 나옵니다. 이렇게 실리는 지면마다 조금씩 다른 것은 그 내용이 우리 민족의 정서를 잘 드러내고 있어서 실리는 데 제약이 있었다는 것을 말합니다.

1925년에 발표하는 〈따오기〉는 윤극영이 작곡하여 일제강점기에 널리 애창되었습니다. 이 노래는 내용이 쉽고 군더더기 없는 표현을 사용하고 있습니다. 그러면서도 우리 민족의 정서를 잘 표현하고 있습니다.

한정동과 이원수

한정동(1894~1976)은 평안남도 강서에서 태어났습니다. 그는 평범한 농부의 셋째 아들로 태어났습니다. 어린 시절에는 한문 공부를 주로 했으며, 열두 살 무렵부터 새로운 학문을 접하게 되었습니다. 1918년 평양고등보통학교를 졸업하였고, 평양 시청에서 서기로 잠시 근무했습니다. 1925년 동아일보 신춘문예에 〈따오기〉가 당선되어 작품을 쓰기 시작합니다. 1936년에서 1939년까지 조선일보와 동아일보 진남포지국장 겸 기자로 활동하였습니다. 1939년 이후 진남중학교 교사로 재직하다가 광복을 맞이했습니다.

한정동

〈따오기〉와 함께 이원수가 작사한 〈고향의 봄〉 같은 동요도 독립군들이 많이 불렀습니다. 〈고향의 봄〉은 국내에서도 많이 불렸고, 1929년 연말부터 만주 신빈현에 있던 화흥중학교를 중심으로 만주 지역으로도 널리 보급되었습니다.

이 노래가 발표되었을 때 이원수의 나이는 겨우 열여섯이었습니다. 그러나 이원수가 1940년대 이후에 자신이 근무하던 금융회사 사보에 친일 시와 수필을 6편 쓴 것이 밝혀져서 친일 작가에 포함시키게 되었고, 〈고향의 봄〉을 독립군 노래에 넣는 것을 반대하는 의견들이 생겼습니다.

이원수(1911~1981)는 열다섯 살이던 1926년 《어린이》지에 〈고향의 봄〉을 발표했고, 그 뒤로 많은 동요와 동시, 동화를 발표합니다. 이원수는 열세 살 때부터 《어린이》와 《신소년》을 애독하였고, 1925년에는 마산에서 신화소년회를 만드는 어린이 4명 중에 한 명이기도 했습니다. 신화소년회는 나중에 마산소년회와 합쳐지고, 방

이원수

정환이 이끌던 조선소년운동협회에 들어갑니다. 그는 1935년에는 '함안독서회' 사건으로 붙잡혀서 감옥에 갔습니다. 이 점으로 미루어 보아 이원수는 1940년대 초까지는 독립운동과 항일 문학의 길을 걷고 있었음을 알 수 있습니다.

그런데 불행하게도 1942년 8월 이후에 자신이 근무하던 금융회사 사보에 친일 동시와 수필을 6편 발표했습니다. 이 일 때문에 우리 겨레가 사는 곳 어디에서나 많은 사람들이 불렀고, 독립군들 사이에서도 널리 불렸던 〈고향의 봄〉마저도 친일 문학이라는 올가미를 쓰게 되었습니다.

〈고향의 봄〉도 〈봉선화〉처럼 민족 수난기를 거치면서 그 본질을 침해당한 슬픈 운명을 겪게 된 노래라고 할 수 있습니다. 그러나 이 노래는 우리 민족의 슬픔과 울분을 달래주며 아름다운 고향 강산을 다시 찾겠다는 마음을 지펴 준 노래였다는 것은 바뀔 수 없는 사실입니다.

오빠 생각

최순애 작사 | 박태준 작곡

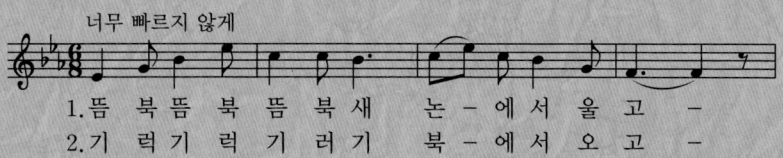
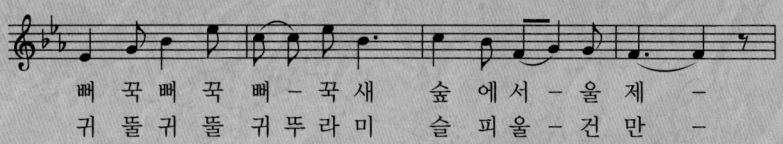
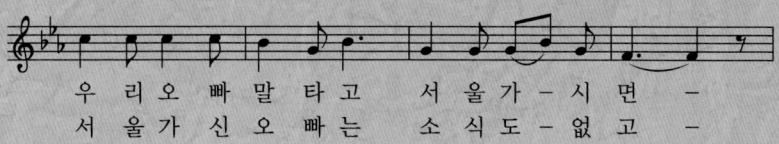

오빠 생각

뜸북뜸북 뜸북새 논에서 울고
뻐꾹뻐꾹 뻐꾹새 숲에서 울제
우리 오빠 말타고 서울 가시며
비단 구두 사가지고 오신다더니

기럭기럭 기러기 북에서 울고
귀뚤귀뚤 귀뚜라미 슬피 울건만
서울 가신 오빠는 소식도 없고
나뭇잎만 우수수 떨어집니다.

노래 이야기

이 노래는 최순애(1914~1998)가 열두 살 때 쓴 가사에 박태준(1900~1986)이 곡을 붙였습니다. 박태준은 대구에서 태어난 음악가입니다. 이 노래는 1924년에서 1931년까지 모교인 대구계성중학교 교사로 있을 때 지은 곡입니다. 최순애는 어린이 운동가인 최영주 동생이고, 〈고향의 봄〉을 쓴 이원수와 부부입니다.

이 노래는 큰 꿈을 품고 청년 문예 운동을 하러 떠난 오빠 최영주를 그리워하면서 지은 동요입니다. 처음에는 어린이들이 부르는 동요로 시작했지만 얼마 안 가서 우리 민족의 정서를 대표하는 노래로 대중들에게 확산되었습니다. 일제 강점기 한국인의 정서를 가장 잘 반영한 노래이기 때문입니다.

이 동요는 1925년 방정환이 발행하는 잡지 《어린이》에 입선작으로 선정되어 실렸습니다. 최순애는 열두 살 때 서울 간 오빠가 돌아오지 않자 과수원 밭둑에서 오빠를 기다리며 지었다고 합니다. 집안의 듬직한 오빠가 고향을 떠나자 혈육의 그리움이 간절했습니다. 어린 나이에 보고 싶은 오빠를 보지 못하는 마음이 이 노랫말에 잘 나타나 있습니다.

이 노래가 널리 퍼지면서 노랫말에 나오는 오빠라는 의미가 친오빠를 넘어서 먼 곳으로 떠난 친척 오빠이기도 하고, 연인으로 사랑하던 오빠이기도 하고, 민족과 국가를 구하기 위해 떠난 누군가를 기다리는 의미까지 갖게 되었습니다. 이렇게 노랫말에 나오는 오빠는 나라의 독립을 위해 떠난 조선 청년들을 의미하는 상징으로까지 발전되었던 것입니다.

최순애는 실제로 고향을 떠난 오빠를 기다리는 마음이 간절해서 지었던 노래였지만 그 간절한 기다림은 당시 우리 민족 모두가 기다리는, 독립이라는 기쁜 소식을 간절히 기다리는 정서와 겹쳤던 것입니다.

최영주와 어린이 운동

이 노래에 나오는 오빠 최영주(1905~1945)는 어린이 운동에 몸을 바친 아동 문학가입니다. 그는 경기도 수원 부잣집에서 태어나 배재학교를 거쳐 일본에서 유학을 했습니다. 방정환과 함께 어린이 운동을 했고, 고향인 수원에서 화성소년회를 만들어 활동했습니다.

1929년 서울에 와서 천도교에서 민족 문화 실현 운동을 하기 위해 세운 잡지사에서 일을 합니다. 천도교 청년 문예 운동으로 발간하는 《학생》,《어린이》같은 잡지 편집 일을 하면서 세계 명작을 번안하여 연재했습니다. 그는 《중앙》,《신시대》,《박문》,《여성》 같은 잡지사에서도 뛰어난 편집자로 이름을 떨쳤습니다.

동생 최순애가 가난한 이원수와 서로 사랑하는 걸 알고 반대하는 집안 어른들을 설득해서 결혼을 허락받아 주었습니다. 그 소식을 듣고 인사를 드리러 수원으로 가려고 길을 나섰던 이원수가 함안독서회 사건(1935년 2월)으로 기

차역에서 일본 경찰에 잡혀서 최순애 집에는 연락도 못 하고 감옥에 갇혔습니다. 1년 뒤 감옥에서 나온 이원수와 최순애가 결혼할 수 있었던 것도 오빠 최영주가 집안을 설득해 주었기 때문입니다.

방정환이 세상을 떠난 후 화장을 했는데, 집이 가난해서 화장터에 화장비를 내지 못해 몇 년이나 유골을 받아오지 못했습니다. 나중에 이 사정을 알게 된 최영주가 돈을 모아서 방정환 유골을 찾아다 망우리에 무덤을 만들어 드렸습니다. 자신의 아버지가 돌아가시자 선산으로 모시지 않고 방정환 무덤 옆으로 모셨습니다. 최영주의 아버지도 방정환을 아주 존경하고 좋아했다고 합니다. 최영주는 마흔 한 살이라는 젊은 나이에 폐결핵으로 숨을 거두었는데, 죽으면 방정환 무덤 아래쪽에 묻어 달라고 유언을 남겼습니다. 죽어서도 방정환과 함께 어린이 운동과 독립운동을 하고 싶었기 때문일 것입니다.

일제 침략 때 많은 남자들이 독립 투쟁을 위해 가족과 고향을 떠나 먼 곳으로 갔습니다. 고향을 떠나지 못하는 여자아이들은 오빠가 꿈을 이루고 돌아오기를 간절히 기다렸습니다. 오빠를 기다리는 간절한 마음에 공감할 수밖에 없었던 것이 그때 우리 민족의 정서였습니다.

〈오빠 생각〉은 자신은 고향을 떠나지 못하지만 독립운동을 하러 떠난 오빠가 희망을 갖고 돌아오기를 기다리는 마음이 절절하게 표현되어 있습니다. 그렇게 떠나간 오빠들은 독립운동을 하다가 소식도 없이 죽기도 했습니다. 오빠가 사 가지고 올 비단 구두는 우리 민족이 기다리는 희망의 메시지이기도 합니다. 그것은 우리 민족이 바라고 꿈꾸었던 해방이었습니다. 그렇게 기다리던 해방은 되었지만 돌아오지 못한 오빠들도 있고, 돌아오지 못한 누이들도 있었습니다.

〈오빠 생각〉은 1920년대부터 해방 후까지 우리 민족의 간절한 기다림과 희망을 노래한 작품입니다. 만주로 독립운동을 하러 간 오빠들은 일본과 전투를 하는 도중에 고향에서 기다리는 가족을 생각하면서 이 노래를 불렀습니다.

글 황선열

저자는 1997년 광복군 활동을 한 분들을 만나면서 독립군 시가를 연구하기 시작한 문학평론가이다. 주요 저술로 《님 찾아가는 길 - 독립군 시가 자료집》, 《일제시대 독립군 시가 연구》 등이 있다. 현재 부산 동인고교 교사로 재직하고 있으며, 부산 민족작가회의 회원이다.